# HEINKEL He 70

*Refael A. Permuy López, Juan Arráez Cerdá y Lucas Molina Franco,*

*Con la colaboración de*
*J. C. Salgado y José Plá Blanch*
*Ilustraciones*
*Luis Fresno Crespo*

**PERFILES AERONAUTICOS 3**

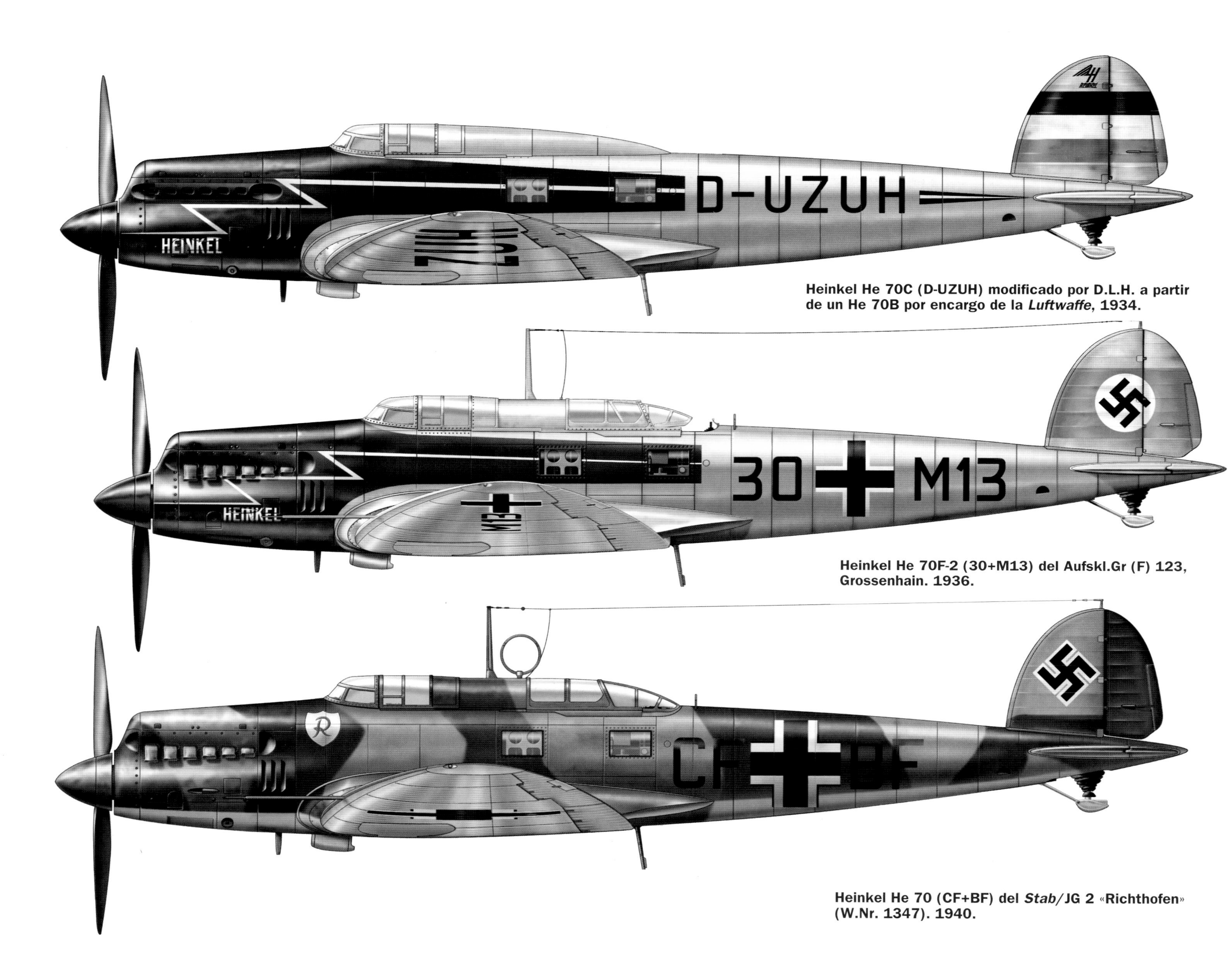


**Heinkel He 70C (D-UZUH) modificado por D.L.H. a partir de un He 70B por encargo de la *Luftwaffe*, 1934.**

**Heinkel He 70F-2 (30+M13) del Aufskl.Gr (F) 123, Grossenhain. 1936.**

**Heinkel He 70 (CF+BF) del *Stab*/JG 2 «Richthofen» (W.Nr. 1347). 1940.**

Podemos considerar, sin miedo a equivocarnos, que los años treinta fueron la década dorada de la aviación, tanto por el rápido crecimiento y desarrollo de la industria aeronáutica como por los hitos y hazañas conseguidas por las distintas naciones en el arte de volar.

La insuperable velocidad que proporcionaba el avión frente a los que podríamos llamar sus competidores hasta ese momento, el ferrocarril, el transporte por carretera y el medio marítimo, hizo que éste se convirtiera muy pronto en el medio preferido para salvar grandes distancias y comunicar países muy alejados.

En este contexto internacional, dominado por el acelerado crecimiento del medio de transporte aéreo, podemos enmarcar la decisión tomada, a comienzos de 1932 por parte de la compañía alemana *Deutsche Lufthansa* (DLH) de iniciar una serie de conversaciones con los responsables de las industrias aeronáuticas Heinkel y Junkers con el fin de que estudiasen y desarrollasen un avión comercial de transporte, rápido y con pequeña capacidad.

La Junkers, por estas fechas, era una empresa aeronáutica que pasaba por los peores años de su reciente historia, con un sinfín de problemas financieros que le hicieron entrar en bancarrota a principios de 1932. El ministerio de Transportes, a la luz de los terribles datos económicos aportados, tomó la decisión de tender una mano a la compañía y firmar un contrato con el encargo en firme del desarrollo de un avión comercial. De la misma manera, el Ministerio consideró a la empresa aeronáutica Heinkel como candidata a recibir también el encargo de diseñar un aparato con similares características. Erhard Milch, en nombre del Ministerio de Transportes, firmó el contrato con ambas empresas el 12 de febrero de 1932.

Como consecuencia de esta decisión y de los parámetros exigidos a ambas empresas, vieron la luz dos proyectos: los denominados Ju 60 y He 65.

El presentado por Junkers tenía la firma del equipo dirigido por el reputado ingeniero Hermann Pohlmann, con casi diez años de experiencia en la Junkers y autor de los conocidos aparatos A 50 Junior y del multifunción W 33/34. Este aparato, denominado Ju 60, puede considerarse el útimo desarrollo de la era Junkers, antes de su traslado a Dessau en 1933 por el régimen Nacional-Socialista.

El diseño de Heinkel era similar al de Junkers, y fue denominado, a todos los efectos, He 65.

Ambos eran monoplanos de ala baja cantilever, con tren de aterrizaje fijo y motorizados con un Pratt and Whitney "Hornet" en estrella de 575 Hp, construído en Alemania, bajo licencia, por la B.M.W.; y en ambos casos respondían perfectamente a los requerimientos exigidos por *Lufthansa*, alcanzando una velocidad máxima de 290 km/h .

Pero de manera totalmente inesperada, un acontecimiento ocurrido más allá de las fonteras germanas daría al traste con la concepción de ambos prototipos. Uno de los directores de la compañía aérea suiza *Swissair*, llamado Balz Zimmermann, después de un interesante viaje realizado a finales de 1931 por los Estados Unidos de América, con el fin de evaluar la posible adquisición de nuevos aparatos que hiciesen sus rutas más rápidas y seguras, tomó la decisión de comprar dos magníficos ejemplares del novedoso "Orion", fabricado por Lockheed, que disponía, entre otras excelencias, de tren de aterrizaje escamoteable, con la consiguiente mejora de las características de vuelo, incluída la velocidad.

Recibidos el 7 de abril de 1932 y probados dias después, inauguraron la linea Zurich-Munich-Viena el 2 de mayo siguiente.

La puesta en servicio del "Orion" tuvo el efecto de una bomba entre los constructores alemanes, que aunque conocedores de este avión, jamás pensaron que su aparición en los cielos europeos iba a ser tan inmediata. Como consecuencia, sus proyectos se aceleraron al máximo.

Mientras el diseño de Junkers sufría ciertas modificaciones –entre la que se encontraba la sustitución del tren de aterrizaje fijo por otro escamoteable–, los lentos progresos alcanzados por esta empresa obligaron a *Lufthansa* a tomar la decisión de encargar a Heinkel el rápido desarrollo de un avión capaz de competir con el producto de Lockheed.

El jefe de *Lufthansa*, *Herr* Brandenburg, se entrevistó con Ernst Heinkel en su oficina, y casi sin ningún preámbulo le hizo esta pregunta:

*¿ Sería usted capaz de diseñar y construir un aeroplano de pasajeros, de velocidad similar al "Orion" de Lockheed, y de acuerdo con las especificaciones de* Lufthansa, *en menos de seis meses?.*

Heinkel contestó sin ambajes que sería capaz de hacerlo, aumentando, incluso, la velocidad máxima en por lo menos 32 km/h.

Inmediatamente puso a sus mejores ingenieros, los hermanos Siegfried y Walter Günter y Karl Schwärzler, a trabajar en el proyecto, optando por abandonar definitivamente el diseño anterior del He 65, e introduciendo otro más avanzado, al que denominaron He 70, que estaría motorizado por un BMW VI y dotado de tren retráctil, para igualar, o incluso mejorar, las características del dichoso "Orion".

El 14 de junio de 1932, la empresa Heinkel presentaba a la DLH para su aprobación, los planos completos de este nuevo aparato, aunque –todo hay que decirlo– antes ya de esta fecha, y con el fin de cumplir fielmente los plazos tan cortos con los que Heinkel se había comprometido, había dado comienzo la fabricación del prototipo.

A finales de noviembre, tan sólo cinco meses después de presentar los planos, el primer He 70 aguardaba en los hangares de Warnemünde el momento de sus pruebas. Estas se programaron para el 1 de diciembre, décimo aniversario de la empresa Heinkel, fecha en la que el piloto jefe de pruebas de la factoría, Werner Junck, tomó los mandos del aparato, denominado He 70a, y después de varios rodajes sobre la pista a fin de comprobar la solidez del tren de aterrizaje, se fue al aire, realizando un primer vuelo de más de 80 km que transcurrió a la perfección, aterrizando poco después en Travemünde. ¡La velocidad máxima del aparato superaba los 350 km/h! Todas las promesas que Ernst Heinkel había hecho seis meses antes al director de *Lufthansa* se habían cumplido.

Juan Arráez Cerdá

*Derecha: Prototipo de He 70, matriculado D-2537, delante de los hangares de la factoría. En la cola se aprecia con claridad el emblema de la compañía Heinkel.*

***Right: He 70 prototype registered D-2537 in front of the factory's hangar. Clearly visible on the fin, Heinkel's logo.***

El prototipo, al que se le dio la matrícula D-2537, fue evaluado posteriormente por la *Deutsche Versuchsanstalt für Luftfahrt* (DVL), o lo que es lo mismo, Departamento de Experimentación de la Aviación, quien confirmó sus magníficas características de vuelo, probando en él, antes de devolverlo a la fábrica Heinkel en mayo de 1934, los motores BMW VI 6,0 Z y 6,3 Z.

Mientras tanto, a principios de febrero de 1933, ya estaba listo para comenzar sus pruebas el segundo prototipo, conocido como He 70b y con número de serie (W.Nr. 403), al que provisionalmente se le dio la denominación de D-3. En seguida se pasó a realizar estudios comparativos con este aparato y sus competidores, que no eran otros sino el Junkers Ju 60 (denominado para este fin D-5) y el Junkers W 34 (denominado D-4). En el período comprendido entre el 14 de marzo y el 28 de abril de 1933, el *Flugkapitän* Untucht, piloto de *Lufthansa* consiguió ocho récords internacionales de velocidad a los mandos del He 70b, sobre distancias de entre 100 y 2.000 km, con cargas de entre 500 y 1.000 kg. El más importante de estos récords lo consiguió en una carrera de 100 km, con una carga de 1.000 kg, donde llegó a alcanzar la nada despreciable velocidad de 357 km/h.

*Abajo: Segundo prototipo de He 70, cuya denominación provisional fue D-3. Este aparato consiguió batir ocho records internacionales de velocidad a los mandos del piloto de* Lufthansa *Untucht*

***Below: The second prototype of the He 70, temporarily registered D-3. This aircraft set eight international records at the hands of* Lufthansa's *pilot Untucht.***

Para la consecución de estos récords, el He 70b había cambiado su motor por el más potente BMW VI 7,3 Z, dotado de una hélice tripala de paso variable VDM.

Una vez finalizadas estas pruebas, el D-3 fue habilitado para el transporte de pasajeros y una vez que se le hubo cambiado el motor por un BMW VI 6,3 Z, entró en servicio con *Lufthansa*, siendo designado He 70A y conservando el nombre de «Blitz» (Relámpago o Rayo) que le había sido asignado por Heinkel.

El tercer prototipo, el He 70c, fue dotado de un motor BMW VI 8,3 Z y recibió la matrícula D-3114, modificada en mayo de 1934 a D-UBAF, pasando a partir de entonces a *Lufthansa* como He 70B, al tiempo que se le bautizaba *«Sperber»*

De los doce aviones de la serie B encargados por la DLH, tres de ellos, matriculados D-UBYL, D-UPFT y D-UZUH, fueron modificados en la propia factoría de Warnemünde, y adaptados para cometidos de reconocimiento, por encargo expreso de las autoridades militares. El primero de ellos pasó a ser el prototipo He 70F-1, mientras que los otros dos fueron parte de un lote de doce He 70C pedidos por la *Luftwaffe*.

A finales de 1934 fueron entregados a la *Luftwaffe* doce He 70C-1, motorizados con el BMW VI 6,3 Z, en lo que podemos considerar como primera versión militar propiamente dicha. Estos aparatos disponían de capacidad de transporte de bombas bajo la sección central del fuselaje (seis de 50 kg o 24 de 10 kg).

El cuarto prototipo, denominado He 70d (matricula D-UKOL) y motorizado con el BMW VI 7,3Z, fue el precursor de la serie D-0, compuesta por doce aviones de los cuales nueve pasaron a la *Luftwaffe* (W.Nr. 700 a 708) y tres a *Lufthansa* (W.Nr 709 a 711). Estos últimos, denominados *«Falke»* (D-UBIN, W.Nr. 709), *«Habicht»* (D-UDAS, W.Nr. 710) y *«Schwalbe»* (D-UGOR, W.Nr. 711) entraron en servicio el 15 de junio de 1934, fecha en la que *Lufthansa* inauguraba las líneas «Blitz», uniendo Berlín, la capital alemana, con Frankfurt, Colonia y Hamburgo.

Harold Tiedle

*Arriba: Aunque la nitidez de la fotografía no permite asegurarlo, pudiera tratarse del He 70 G-1 "Amsel" D-UKEK (W.Nr 918), uno de los diez ejemplares de este modelo entregados a* Lufthansa *en 1935.*

***Above: Although the photograph is not crisp enough, this could be He 70 G-1 D-UKEK "Amsel" (W.Nr. 918), one of ten aircraft of this model ordered by* Lufthansa *in 1935.***

A principios de 1934 el aparato denominado *«Habicht»* realizó un vuelo de propaganda y promoción desde Berlín hasta Las Palmas de Gran Canaria, haciendo escala en Sevilla, con una distancia de 4.200 km que cubrió en 13 horas y 25 minutos. Seguidamente se estableció una línea regular entre Stuttgart y Sevilla, con escala en Barcelona, en coordinación con su linea postal del Atlántico Sur.

En 1935 entraron en servicio con *Lufthansa* un total de 10 He 70G-1 (W. Nr. 909 a 918), versión que introdujo una cabina con cabida para cinco pasajeros, con una tripulación de dos: el piloto y el radio operador, además de un motor BMW VI 7,3 Z y un patín de cola rebatible. Este modelo era muy similar a la versión militar F. Los diez aviones entregados fueron bautizados de la siguiente manera: *«Bussard»*, *«Adler»*, *«Geier»*, *«Condor»*, *«Rabe»*, *«Buntspecht»* *«Kormoran»*, *«Drossel»*, *«Alba-*

Juan Arráez Cerdá

*Izquierda: Uno de los primeros He 70, matriculado D-OHEY, al parecer de la serie E.*

***Right: One of the first He 70 prototypes, seemingly of the E series, registered D-OHEY.***

*tros»* y *«Amsel»*, siguiendo la tradición de utilizar nombres de aves[1].

A partir de ese momento, los He 70 iniciaron una intensísima actividad que duraría hasta 1938, año en que fueron sustituídos por los más modernos He 111.

Es de destacar que la Marina Imperial Japonesa se interesó enormemente por el He 70, adquiriendo un ejemplar al que sometió a todo tipo de estudios y evaluaciones con el fin de copiar de él todo lo que pudiera servir a su industria aeronáutica. Fue denominado "Avión Experimental de Transporte de la Marina Tipo He, Heinkel LXHe 1-Ed"

En el 13º Salón Internacional de Aeronáutica de París se presentó un He 70, despertando el interés de la casa británica Rolls Royce, que adquirió un ejemplar de la versión G (D-UBOF) pagando a la Heinkel un total de 13.000 Libras esterlinas. El He 70 G vendido a los ingleses fue rematriculado como G-ADZF y efectuó su primer vuelo con el motor "Kestrel V" el 16 de enero de 1936; a los mandos, el nuevo piloto jefe de experimentación de Heinkel, Otto Cuno, quien efectuó un total de doce vuelos de pruebas antes de llevarlo en vuelo al aeródromo de Hucknall, sede del *Experimental Flight Test Establishment* de la *Royal Air Force*. Con este motor, el He 70 llegaría a alcanzar una velocidad máxima de 424 km/h, mayor que muchos cazas contemporaneos.

Allí sirvió de experimentación y puesta a punto de diversos motores de Rolls Royce, de los tipos "Kestrel V", "Kestrel XVI" y "Peregrine", equipados con diversos sistemas de refrigeración y radiadores. Permaneció en activo hasta 1940, momento a partir del cual quedó arrumbado en Hucknall hasta el final de la 2ª G.M., en que fue enviado a la chatarra sin conmiseración alguna.

*En esta fotografía, tomada antes del comienzo de la 2ª Guerra Mundial, –quizás entre 1935 y 1937– observamos una atípica codificación de este He 70: 33+FOK, la cúal no responde, en principio, a ninguna unidad "conocida" de la* Luftwaffe. *¿Podría alguien identificar y ubicar este aparato?*

***This pre-war shot –taken between 1935-1937–, shows an uncommun code: 33+FOK, which does not correspond to any known* Luftwaffe *unit. Could any readers give a hint?***

*Harold Thiele*

### En la *Luftwaffe*

La *Luftwaffe* adquirió, al igual que *Lufthansa*, más de una docena de He 70 en su versión G-1, que utilizó para tareas de enlace y transporte rápido; además también adquirió la variante G-2 especialmente equipada para transporte de personalidades y utilizada por el Estado Mayor alemán. De esta última se conocen las matrículas de seis aparatos[2].

Desde su mismo nacimiento el He 70 interesó enormemente a la *Luftwaffe*, que lo consideró ideal como bombardero ligero y avión de reconocimiento. Los primeros ejemplares entregados apenas diferían de los de la DLH, pero a partir del He 70B y del He 70C (D-UHYS), se empezaron a producir una serie importante de cambios: se modificó la cabina del piloto, centrándola respecto al eje longitudinal del avión y aumentando el tamaño de la superficie acristalada, al tiempo que se le instalaba un puesto trasero para el observador, equipado con una ametralladora MG 15 de 7,92 mm.

El He 70E (primer ejemplar matriculado D-UFIL), fue concebido como bombardero, pudiendo transportar una carga bajo el fuselaje consistente en 6 bombas de 50 kg o 24 bombas de 10 kg. Este modelo no cuajó en la *Luftwaffe*. Por el contrario, la versión He 70F (primer ejemplar matriculado D-UBYL) nació como avión de reconocimiento, dotado de una cámara fotográfica y una reserva extra de combustible de 275 litros. Muy pronto, el *Reichlufthartministerium* (RLM), realizó un pedido de 72 ejemplares de este modelo, entregándose los cuatro primeros, denominados He 70F-0, en otoño de 1934.

1 *«Bussard»*: D-UJUZ (W.Nr. 909); *«Adler»*: D-UPYF (W.Nr. 910); *«Geier»*: D-UBOX (W.Nr. 911); *«Condor»*: D-UNEH (W.Nr. 912); *«Rabe»*: D-UQIP (W.Nr. 913); *«Buntspecht»*: D-USAZ (W.Nr. 914); *«Kormoran»*: D-UVOR (W.Nr.915); *«Drossel»*: D-UXUV (W.Nr. 916); *«Albatros»*: D-UMIM (W.Nr. 917) y *«Amsel»*: D-UKEK (W.Nr. 918)

2 D-UPET (W.Nr. 1.181); D-UGEX (W.Nr.1.186); D-UHYQ (W.Nr. descon.); D-UHAF (W.Nr. 1.690); D-UXUL (W.Nr. descon.) y D-UFAL (W.Nr. 1.688)

Luego vendrán las variantes de esta versión, conocidas como F-1, F-2 y F-3, que entraron en servicio entre 1935 y 1936.

Ambas versiones estaban motorizadas con el BMW VI 7,3 Z, su tripulación la componían tres personas: piloto, radio operador y ametrallador dorsal, y su armamento defensivo lo constituía una ametralladora de 7,92 mm MG15 con seis cargadores de 75 disparos. El equipamiento también incluía el aparato de radio FuG VIII R/T.

Los primeros Heinkel He 70 F en servicio con la *Luftwaffe* se integraron en el Aufskl.Gr.(F) 224 en 1934. A partir de 1936 pasaron a los Aufskl.Gr.(F) 121,122,123,124 y al Aufskl.Gr. (See) 125[3]. Cada uno de estos grupos, llegó a organizar 3 escuadrones de reconocimiento a larga distancia, de las que, por lo menos una, estaba dotada con aparatos He 70 F. La mejora de prestaciones obtenida por el Do 17F para misiones de reconocimiento a larga distancia, hicieron perder protagonismo al He 70F, que poco a poco fue sustituído por el bimotor de Dornier en las unidades *Aufklärungs*.

El 3 de junio de 1936, mientras pilotaba personalmente un He 70 «Blitz», resultó muerto en Dresde, fruto de un desgraciado accidente el Jefe de Estado Mayor de la *Luftwaffe*, general Walther Wever, magnífico militar y estratega que dejó un hueco importante en la recién organizada Arma Aérea alemana.

Aunque en menor cantidad que la versión de reconocimiento, la versión "E" de bombardeo entró en servicio en 1937, equipando la primera unidad *Sturzkampfflugzeuge* organizada. Los primeros 27 He 70E fueron enviados al *III(K) Gruppe del Lehrgeschwader "Greifswald"*, denominado a partir de 1938, *III(K)/LG 1*. También hubo He 70 en todos los *Staffeln* del II *Gruppen* del 162 *Geschwader*, dotado con los Henschel Hs 123. Pero el He 70 no era un avión diseñado para acciones de bombardeo en picado y pronto se reveló incapaz para estas misiones, siendo progresivamente sustituído por el Junkers Ju 87.

El 18 de septiembre de 1938, en el inventario de aviones operativos de la *Luftwaffe* todavía permanecían setenta y tres He 70, de los cuales cuarenta y ocho se encontraban en estado de servicio.

Antes del comienzo de la II Guerra Mundial, casi todos los aparatos He 70 habían sido retirados de las unidades de reconocimiento y bombardeo, y habían pasado a las *Schule* y a los *Luftdienstkommando*, permaneciendo pocos aparatos en unidades de primera línea. Sobre un total de 304 He

Harold Thiele

*Arriba: Un aparato He 70 de la* Luftwaffe, *perteneciente a una unidad de escuela, permanece estacionado en un aeródromo desconocido en el curso de las primeras operaciones de la Segunda Guerra Mundial.*

***Above: A Luftwaffe He 70 of a training unit on an unidentified airfield in the first phases of World War Two.***

Harold Thiele

*Abajo: Personal de tierra de la* Luftwaffe *se afana en preparar este He 70E para su despegue.*

***Left:*** Militarized He 70E, probably used as a liasion aircraft early in WW2

3 F/121 con base en Neuhausen, F/122 con base en Prenzlau, F/123 con base en Grossenheim, F/124 con base en Kassel y See/125 con base en Würzburg.

ECPA vía Juan Arráez Cerdá.

*Arriba: En un aeródromo polaco recién ocupado, varios miembros del LG2 descansan, mientras algunos de sus aviones permanecen estacionados. En segundo plano un He 70E (L2+E10)*

***Above: Several members of LG 2 having a rest on a Polish airfield just occupied, with some of their planes parked behind, including an He 70 E (L2+E10).***

*Abajo derecha: Después de una misión sobre territorio polaco, el He 70 matriculado L2+E10, perteneciente al LG-2, se dispone a tomar tierra en su aerodromo de campaña.*

***The same He 70 of the previous photo, L2+E10, on landing at a first line airfield.***

70 construídos, más de 260 formaron en las filas de la *Luftwaffe*, veintiocho fueron enviados a España como parte del contingente alemán de la "Legión Cóndor" y otros veinte se exportaron a Hungría con la denominación de He 170.

**Propuestas fallidas. La versión mejorada He 270**

Durante 1937, la casa Heinkel propuso, tanto al *Tecnische Amt* del RLM como a la DLH, varias modificaciones en los todavía numerosos He 70 F y G en servicio, proponiendo además de otras mejoras en lo que respecta al equipo de vuelo, la adecuación al aparato de un motor Daimler-Benz 600 ó 601. Con la serie de modificaciones propuesta se pretendía que la *Luftwaffe* y *Lufthansa* tuvieran, por un precio asequible, un aparato de reconocimiento-bombardeo y de transporte con características operativas en la línea de los últimos avances tecnológicos, con la certeza por parte de la propia Heinkel de que el avión estaba siendo superado en todos los sentidos por nuevos diseños realizados y llevados a la práctica por las distintas empresas aeronáuticas alemanas.

El proyecto de modernización fue denominado He 270, tanto para los aparatos militares como para los civiles, y sería la empresa Heinkel, bajo su responsabilidad y sin encargos oficiales, la que asumiría este proyecto, modificando dos aparatos He 70 F de los últimos fabricados, para acoplarles un motor DB 601 Aa, además de otras variaciones tales como la eliminación de las ventanas a ambos lados del fuselaje, la potenciación del armamento con una MG 17 de 7,92 fija, que disparaba a través del buje, o la ampliación de la autonomía, mediante la instalación de depósitos suplementarios.

Los dos aviones modificados (el D-OEHF y el D-OALN) volaron en la primavera de 1938, aunque en el interín, el *Tecnische Amt* había sido categórico: las propuestas de Heinkel en lo que respecta a las modificaciones en los He 70 eran inasumibles. La aparición de los Dornier Do 17 P-1 como sustitutos de los He 70 en sus cometidos militares de reconocimiento a larga distancia, la dificultad en el suministro de los motores DB 601 y el elevado número de horas de vuelo que arrastraban los aviones supervivientes eran motivos más que suficientes para que el Departamento Técnico del Ministerio del Aire germano desechara las propuestas del consorcio Heinkel.

A *Lufthansa* tampoco le interesó la mejora, pues su exiguo parque aeronáutico de He 70 –cinco aviones operativos a finales de 1937– no parecía que fuera a durar mucho. La reducida capacidad de estos aparatos para el transporte de pasajeros fue sin duda su talón de Aquiles. Nuevos tiempos.... nuevas soluciones...

El final de los He 70 comerciales estaba próximo.

Los desarrollos del He 270 fueron abandonados y nunca pasaron de la fase de prototipo.

ECPA vía Juan Arráez Cerdá.

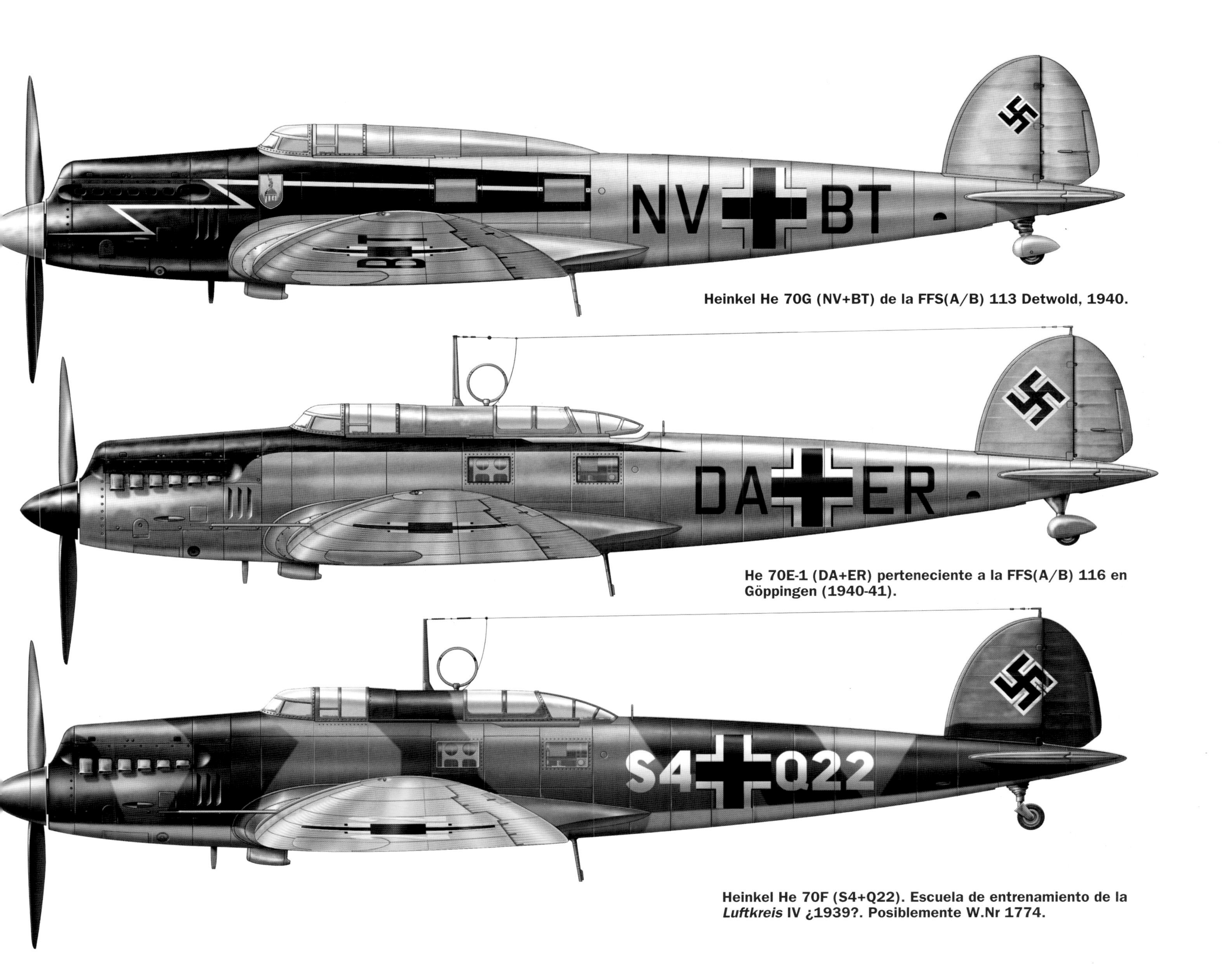


Heinkel He 70G (NV+BT) de la FFS(A/B) 113 Detwold, 1940.

He 70E-1 (DA+ER) perteneciente a la FFS(A/B) 116 en Göppingen (1940-41).

Heinkel He 70F (S4+Q22). Escuela de entrenamiento de la *Luftkreis* IV ¿1939?. Posiblemente W.Nr 1774.

*Arriba, derecha: Bajo la cabina de este Heinkel He 70, que ya ha recibido pintura de camuflaje, se observa el emblema personal del piloto. Parece ser un pavo real o un ave similar.*

***Top: This camouflaged He 70 has the pilot's personal emblem under the windscreen, which looks like a peacock or a similar bird.***

*Abajo, derecha: El "Rayo" matriculado 14-31 es el segundo avión llegado a España. Conserva la librea original, igual a la de los aparatos utilizados por "Lufthansa" o la "Luftwaffe". El capot del motor, en negro, y sobre este fondo, el rayo blanco.*

***Bottom. He 70 F Rayo registered 14-31 is the second plane to arrive in Spain, still wearing its original livery, used both by the Lufthansa and the Luftwaffe, black engine cowling with white lightning. "Blitz" in German, or "Rayo" in Spanish, is the type's name.***

**Los Heinkel He 70 E y F «*Rayo*» en España**

Poco antes de organizarse oficialmente la "Legión Cóndor", a finales del mes de octubre de 1936 llegaron a Sevilla los dos primeros ejemplares de los veloces monoplanos Heinkel He 70 F –versión fotográfica–, los cuales comenzaron a efectuar incursiones, de carácter estratégico, sobre el territorio gubernamental. En noviembre, la Escuadrilla de reconocimiento (*Aufklärungstaffel* A/88) de la "Cóndor" fue equipada con doce de estos monoplanos He 70, a los que España se denominó "Rayo", en perfecta traducción de su apodo alemán –*Blitz*–, y se les asignó el código 14. Su primer jefe fue el comandante Heinsius, quien posteriormente sería sustituido por el capitán Heimann. Los "Rayos" realizaron sus primeras misiones desde el aeródromo sevillano de Tablada, a partir del día 30 de octubre. Los aviones matriculados 14-30 y 14-35 efectuaron, en el mes de noviembre –concretamente los días 27 y 28– y el 1º de diciembre, reconocimientos fotográficos del Santuario de la Virgen de la Cabeza, en Jaén, donde resistían las fuerzas de la Guardia Civil, al mando del capitán Cortés.

Al iniciarse la batalla por Madrid, la escuadrilla de reconocimiento germana se dividió en dos patrullas o *Kette*, quedando en Sevilla seis ejemplares y los otros seis aviones fueron enviados a los aeródromos de Talavera, Ávila y Salamanca, para operar en la región central. Los "Rayos" realizaron, principalmente, servicios de reconocimiento sobre los más importantes aeródromos enemigos, como Los Llanos (Albacete) o Alcalá de Henares, o nudos de comunicaciones, siendo prácticamente inalcanzables por los cazas republicanos, los cuales, en sus partes de información, hablan de "veloces biplazas Heinkel, que vuelan a más de cuatrocientos kilómetros por hora." El día 16 de noviembre, a las 17 h., los "Rayos" efectuaron un bombardeo de la línea férrea entre Alcázar de San Juan y Villacañas, teniendo la impresión de haberla cortado. En la estación de Villacañas observaron ocho vagones, pero no constataron actividad en la misma.

A pesar de la velocidad de los He 70, el piloto soviético Pavel Richagov, jefe de la escuadrilla de "Chatos", el día 13 de diciembre se anotó el derribo –sobre la laguna de Santillana– del avión llamado "Paloma Blanca", que se suponía pilotado por Ramón Franco. Tal aparato no debia ser otro que un He 70 de la A/88, ya que los aviones de esta unidad llegaron a España con la librea de la Luftwaffe; es decir, con el color gris-beige claro que, visto el avión en

*«Canario» Azaola.*

vuelo, le hacia parecer casi blanco. De ahí el sobrenombre aplicado por los republicanos. Pero parece que el avión no fue abatido en realidad.

Entretanto, durante el mes de diciembre, los "Rayos" de Tablada (Sevilla) efectuaron "misiones especiales secretas" –según rezan los partes de Información de la Jefatura del Aire nacional– los días 7, en que salen tres aviones, y el 10, jornada en que despegaron cinco aparatos, sin indicar los objetivos. El 19 vuelven a salir de Sevilla otros cinco He 70, en "misión especial", indicando en esta ocasión su destino, que no era otro que la estación de ferrocarril de Almansa, que dejaron ardiendo, tras el bombardeo. Además, reconocieron las estaciones de Albacete y Alcázar de San Juan, donde observaron mucho movimiento ferroviario. También volaron sobre el aeródromo de Barajas, en el cual únicamente se vio un aparato republicano. El día 21 despegaron

*Juan Arráez Cerdá*

de Sevilla cuatro Heinkel 70, sin hacer indicación de la misión u objetivo a cumplir. El 26, tres "Rayos" salen de Tablada y dos atacan el nudo ferroviario de Alcázar de San Juan, incendiando la estación, e internándose el tercero de ellos hasta la ciudad de Cuenca, donde reconoce la nueva línea ferroviaria que se había construido entre esta ciudad y Utiel, observando que faltaban dos puentes. Al regresar localizó un tren militar, en las cercanías de Linares, y descubrió un nuevo aeródromo republicano en Mengíbar, objetivos que seguidamente fueron atacados con pleno éxito.

A principios de 1937 se reciben otros tres ejemplares de los He-70, aviones que, junto a los doce recepcionados con anterioridad, fueron matriculados conjuntamente, desde 14-30 hasta el 14-44. Precisamente este último avión, el día 8 de enero llegó al aeródromo de Ávila, a las 15 h., procedente del campo de Talavera, saliendo una hora después para Zaragoza. Durante este mismo día, en el Sur, los "Rayos" realizaron reconocimientos sobre los aeródromos enemigos de Andújar, Herrera del Duque y Calarrubia, sin observar aviones en ellos. Bombardearon la estación y depósitos de Jaén, así como un tren en marcha en la estación de Vilches, donde cayeron varias bombas. Los aparatos siguieron el vuelo hasta Ciudad Real, lanzando dos bombas de 50 kilos sobre la estación, viendo densas nubes de humo después del bombardeo. La patrulla de He 70 volvió a repetir el servicio sobre las estaciones de Jaén, Linares y Jabalquinto. En el segundo objetivo citado alcanzaron a tres vagones, interrumpiendo la vía a la altura del puente de Guadalimar. Fue este un día de éxito para los "Rayos" en sus ataques a las comunicaciones enemigas.

Cesar O'Donnell.

*Arriba, derecha: El avión matriculado 14-45 ya ha recibido la más adecuada pintura de camuflaje, para su empleo bélico.*

***Top. Aircraft 14-45 has already got a more war-like coat of paint in camouflage.***

Durante las operaciones de Málaga también intervinieron los veloces monoplanos de la A/88, en servicios estratégicos. El día 1 de febrero tenemos la primera referencia oficial sobre el derribo, en combate, de un Heinkel He 70 alemán. Según indica el parte de operaciones de la Jefatura del Aire un avión de este tipo salió de Sevilla para realizar un reconocimiento en el frente de Málaga, viendo en Motril varios camiones, el aeródromo de Vélez-Málaga vacío y cuatro barcos grandes, sin precisar tipo, en el puerto de Málaga. Al regresar, el "Rayo" fue atacado por uno de los "Chatos" de la escuadrilla del soviético "Casimiro" y el avión germano se vio obligado a realizar un aterrizaje forzoso, cerca de Estepona, resultado herido, por disparo de bala, uno de los tripulantes, otro contusionado y el tercero ileso[4].

El día 8 una patrulla de tres He 70, al mando del teniente Heinz Runze[5], bombardeó los objetivos militares de Albacete, viendo en el aeródromo de Los Llanos unos 30 aviones enemigos. En la jornada siguiente los "Rayos" continuaron sus reconocimientos sobre los aeródromos enemigos del Sur, vien-

José Ramón Calparsoro Perot.

*Abajo, izquierda: El Heinkel He 70, con matricula 14-47, y pintura original alemana, lucía, como emblema personal de su piloto germano, una jarra de cerveza.*

***Bottom. He 70 F 14-47 still wearing its original German livery. Notice pilot's personal emblem, a beer jug. Actually, this is the emblem of the Confrérie du Cardinal Paf, a beer drinkers guild founded circa 1932 by two WW1 Belgian veterans, Teddy Franchomme and Gaston Lambert. At least two Legión Cóndor pilots were members of the guild. Schmoller-Haldy's Me 109 6-123 had a similar emblem. The guild had members in 15 countries, including Spain. Famous Luftwaffe officers like Erhard Milch, Robert Ritter von Greim and Ernst Udet were also members. See colour profile on page 101.***

4 Los partes republicanos, de esta fecha, son bastante confusos. Señalan que la aviación enemiga voló, sobre las posiciones del sector de Málaga y entabló combate con los cazas propios, resultando un trimotor enemigo averiado, con pérdida de una caza gubernamental y ligeras averías en otro. Un segundo parte dice que sobre Málaga se presentaron dos aparatos italianos "Caproni" (sic), que combatieron con dos cazas gubernamentales, sucumbiendo un aviador leal. Un aparato enemigo fue incendiado, viéndose perfectamente como se lanzaba al espacio el piloto, envuelto en llamas. Cómo pude verse, no hay referencia clara del "Rayo" abatido.

5 Runze pasó destinado, poco después, a la Plana Mayor de la "Legión Cóndor", a las ordenes de von Richthofen, y con posterioridad fue destinado a la escuadrilla 3.J/88, equipada con biplanos Heinkel He 51, encontrando la muerte el día 1-1-38, al ser derribado su avión por la artillería antiaérea enemiga de 20 mm., en el frente de Teruel.

Cuadro 1

**Efectos de los bombardeos de los Heinkel He 70 "Rayo" sobre las Centrales Eléctricas de Cataluña, en febrero de 1937**

Los efectos, conocidos hasta la fecha, de los bombardeos de las instalaciones eléctricas de CATALUÑA, son los siguientes:

**Central de Seira (Benasque)**, bombardeada el día 17 del actual, resultando rota la tubería y dos válvulas, y quedando además inundada la central.

Las averías tardarán dos o tres meses en ser reparadas.

Potencia, 32.000 HP.

**Central de Capdella**, bombardeada el día 19 del mismo mes, resultando rota una tubería. Una bomba atravesó la cubierta de la cámara de carga.

Fue puesta en servicio al cabo de dos días, pero solo podrá llevar una carga máxima de 12.000 kilovatios.

Potencia normal, 40.000 HP., pero a consecuencia de la avería queda reducida a 18.000 HP.

**Central de San Lorenzo**, bombardeada a las 16 horas del día 19, resultando inutilizada la maniobra de las dos compuertas principales, y la compuerta de la derecha automática, quedando la central fuera de servicio.

*Origen: S.I.F.N.E. FECHA 26-2-37*

El 19 de febrero la **Central de Capdella** fue inutilizada por las bombas de los aviones. Fue destruida por completo la **Central de San Lorenzo**, de 12.000 HP. Asimismo quedó totalmente destruido el salto de **Pobla de Segur**, de 24.000 HP.

*Origen: S.I.F.N.E. FECHA 3-3-37*

do que no había aviones en los campos de Guadix, Jaén y Almería, mientras que en Arjona se observó el despegue de un caza, y en el de Murcia notaron la presencia de tres aparatos, sin poder precisar clase, apreciándose en este último aeródromo los embudos producidos por anteriores bombardeos nacionales. También efectuaron un servicio sobre el nudo de comunicaciones de Alcázar de San Juan. Uno de los He 70 fue perseguido por un caza enemigo. El día 14 los "Rayos" vuelven a reconocer el aeródromo de Andújar, observando obreros y apisonadoras trabajando en el campo, y parte de la pista ya preparada. Dos días más tarde, a las 9,30 h., la *Kette* He 70 de Sevilla envió sus aviones, en vuelo de observación, sobre el puerto de Almería, donde había dos barcos de guerra, dos embarcaciones pequeñas y tres hidroaviones.

En los días de la batalla del Jarama los Heinkel He 70 de la patrulla de bombardeo de la A/88, con base en Salamanca, y al mando del teniente Runze, se desplazaron a Zaragoza, para efectuar misiones de reconocimiento y bombardeo sobre las centrales eléctricas de Cataluña, atacando el día 17 la central de Seira (Benasque), resultando alcanzada la tubería y averiadas dos válvulas, según el servicio de información nacional. Dos días después, el 19, bombardearon los "Rayos" el edificio del cuadro eléctrico de la presa de Balaguer, ejecutando otros dos servicios, en esta misma jornada, durante los cuales destruyeron la compuerta y la central eléctrica de San Lorenzo y consiguieron dejar fuera de servicio la hidroeléctrica de Capdella, según indica el parte del aeródromo de Zaragoza, emitido por el Cuartel General del Ejército del Norte nacional. Los He 70 regresaron sin ningún contratiempo a su base aragonesa, ya que en Cataluña no había cazas modernos en esta época, aunque al día siguiente llegó al aeródromo de Sariñena la escuadrilla del capitán Roberto Alonso Santamaría, con ocho "Chatos". Los republicanos conocían perfectamente que, tanto los aviones atacantes como sus tripulaciones, eran alemanes, pues su servicio de escucha captaba las emisiones de radio en este idioma, emitidas desde los "Rayos". El mismo día de la llegada de los cazas gubernamentales dos He 70 efectuaron un reconocimiento del aeródromo de Sariñena, observando tres "Breguet XIX" y cinco cazas, distribuidos por el campo, ante cuya presencia los "Rayos" regresaron a los aeródromos del Centro. Los efectos de los bombardeos sobre las hidroeléctricas catalanas se detallan en el cuadro nº 1.

El 1º de marzo el teniente von Kessel recibió la orden de reconocer el ferrocarril Madrid-Valencia, para ver si se utilizaba el tramo Cuenca-Utiel, recién inaugurado. Salió de Salamanca, a las 9 horas, intentado entrar por el Sur, por la provincia de Granada, pero las nubes bajas le impidieron ver Utiel, teniendo que regresar a Matacán. Volvió a intentarlo, por la tarde, haciendo escala en Teruel, donde nos se esperaba su llegada. Despegó inmediatamente y, a pesar de que el estado del cielo amenazaba una gran nevada, consiguió fotografiar el tramo de vía ferroviaria que debía reconocer, recibiendo copioso fuego antiaéreo cuando sobrevolaba Cuenca. Tras poder cruzar, en aquellas condiciones meteorológicas, la Sierra de Gredos, aterrizó en Salamanca a las 19 horas, entre el júbilo de sus compañeros, que ya le creían perdido.

Otra patrulla de monoplanos Heinkel se desplazó fugazmente a León, a principios de marzo, para operar sobre el

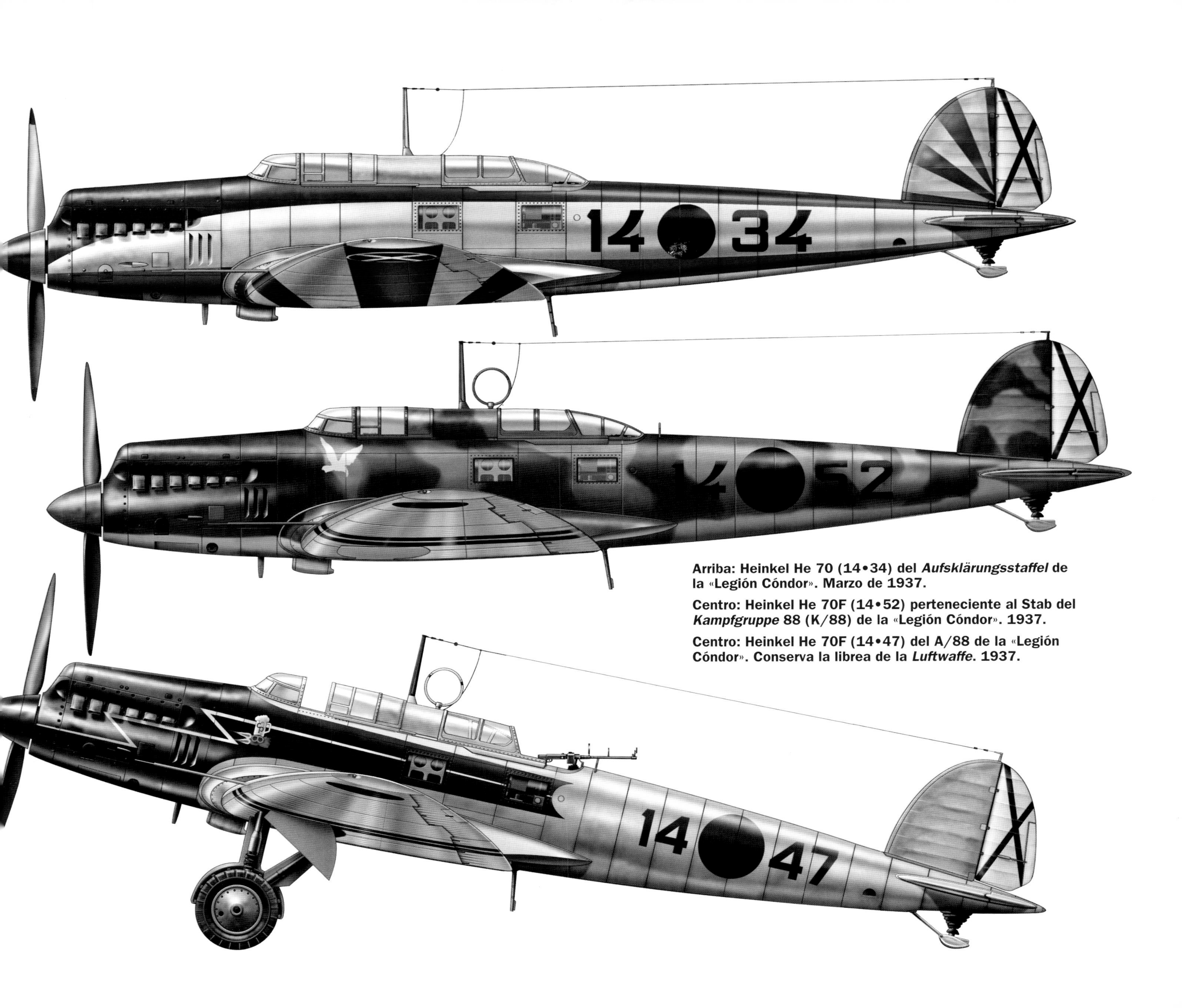


Arriba: Heinkel He 70 (14•34) del *Aufsklärungsstaffel* de la «Legión Cóndor». Marzo de 1937.

Centro: Heinkel He 70F (14•52) perteneciente al Stab del *Kampfgruppe* 88 (K/88) de la «Legión Cóndor». 1937.

Centro: Heinkel He 70F (14•47) del A/88 de la «Legión Cóndor». Conserva la librea de la *Luftwaffe*. 1937.

## Cuadro 2
## Servicios de los Heinkel He 70 "Rayo" durante el mes de marzo de 1937

**Día 5:** ***Frente Norte.- León.***- Por una escuadrilla de 14 se dio un servicio en el frente de Oviedo, viendo una concentración de coches y camiones en Sogr್andio y Manjoya, que se bombardeó eficazmente.

***Frente Centro.***- Observación de los Heinkel 70.-
A las 13,50 h. en la carretera Madrid a Guadalajara, circulación normal.
A las 13,55 h. en el aeródromo de Alcalá, dos aviones de bombardeo, 10 cazas. Dos cazas más despegaron en el momento de la observación.
Carretera Gudalajara-Trijueque, sin movimiento. Las carreteras del Tajo y adyacentes, sin movimiento.

***Frente Sur.***- Observación de los Heinkel 70.-
A las 8,40 h. carretera Bélmez-Hinojosa del Duque-Villanueva del Duque-Pozoblanco-Villanueva de Córdoba-Peñarroya, sin movimiento. Las estaciones casi vacías y sin máquinas.
A las 9,30 h. los aeródromos de Andújar, vacíos.
A las 15 h. se bombardeó la estación de Guadix, con éxito, no pudiendo continuar el servicio a causa del mal estado del tiempo.

**Día 8** ***Frente Centro.***- Un Heinkel 70 efectuó un servicio de reconocimiento por todo el frente, sin poder observar nada a causa de las nubes.

**Día 13** ***Frente Centro.***- Un Heinkel 70 efectuó, de 9,15 a 12 horas, un reconocimiento haciendo el siguiente recorrido: Salamanca-Madrid-Torrejón-Arganda-Villaverde-Salamanca.
Se observó mucha circulación de automóviles entre las carreteras de Madrid a Alcalá, en ambas direcciones. Mucha circulación, en ambas direcciones, entre Arganda y Tielmes; cada 80 a 100 metros, un vehículo.
La carretera de Madrid a Arganda, sin circulación; lo mismo en los caminos adyacentes.
Aeródromos de Barajas y Arganda, vacíos.
Otro Heinkel 70 efectuó otro servicio de reconocimiento, de 9 h. 8' a 12 h. 33', haciendo el recorrido Salamanca-Somosierra-Guadalajara-San Sebastián de los Reyes-Somosierra-Salamanca.
Aeródromos de Guadalajara, Azuqueca, Alcalá de Henares, San Sebastián de los Reyes (N. de Madrid), vacíos.
En la carretera de Madrid-Lozoyuela-Venterrada, 15 camiones parados, mirando al Norte. Al Nordeste del cierre del valle situado entre los pueblos de Buitrago, Robledillo de la Jara, Serrada (15 Kms. al N. de Torrelaguna), trincheras en la vertiente N. de la montaña. Atrincheramientos a dos Kms. al Nordeste de Buitrago. Atrincheramientos a ambos lados de la carretera de Buitrago a Lozoyuela.
Se han obtenido fotografías del corte de la carretera Guadalajara-Alcalá de Henares.
En la carretera de Buitrago a Lozoyuela hay tres trozos volados, separados unos 500 metros. El primero, al S. de Buitrago.

**Día 15** ***Frente Centro.***- Un Heinkel 70, durante la mañana de hoy, hizo el recorrido Salamanca-Madrid-Aranjuez-Tielves-Guadalajara-Salamanca, obteniendo fotografías de los alrededores de Madrid, Torrejón y Alcalá de Henares.
En las carreteras mucha circulación, hacia el SO. de Madrid. Mucha circulación de automóviles, entre Madrid y Alcalá de Henares, y entre Arganda y Vallarejo. Aeródromos de Alcalá y Arganda, vacíos. Tuvo que terminar el reconocimiento por haber sido atacado por un caza rojo.
Una patrulla de Heinkel 70 atacó Alcalá de Henares, en la mañana de hoy (todas las bombas cayeron en la ciudad). En el aeródromo de Barajas, nueve aviones de bombardeo y 16 cazas.

*Arriba: Delante del avión matriculado 14-52, y asignado al Stab/K88, posan sus tripulantes alemanes. Se trata (de izquierda a derecha) del teniente piloto Kurt Strümpel, teniente observador Bernetzeder y el radio-ametrallador, de nombre desconocido. Obsérvese la paloma blanca bajo la cabina del piloto.*

***Top. Left to right, posing in front of their aircraft 14-52, assigned to Stab/K88, pilot Oblt Kurt Strümpel, observer Oblt Bernetzeder and unidentifiied wireless operator / air gunner. Notice the pilot's emblem, a white dove, under the screen.***

*Abajo: Una clásica foto de recuerdo de la tripulación de un "Rayo", posando ante su avión. Desgraciadamente los aviadores nos son desconocidos.*

***Bottom. Classical souvenir snap of a Rayo's crew in front of their plane. Unfortunately their names are not recorded.***

*Cesar O´Donnell.*

Juan Arráez Cerdá

Juan Arráez Cerdá

Cesar O'Donnell.

Una patrulla de Heinkel 70 atacó el aeródromo de Barajas destruyendo, al parecer, todos los aparatos allí existentes. Al terminar el bombardeo fueron atacados por un caza, al que derribaron.
El bombardeo del aeródromo de Barajas fue hecho por los tres Heinkel 70 citados anteriormente, dos Heinkel 111 y un Dornier 17.

**Día 16** ***Frente Centro.***- Un Heinkel 70, de 10 a 13 h., hizo el recorrido Salamanca-Ávila-Aranjuez-Arganda-Ocaña-Ávila-Salamanca, obteniendo fotografías del espacio comprendido entre Aranjuez, Ocaña, Tielmes y Arganda.
Gran circulación en la carretera de Aranjuez, Ocaña, Villatobas.
Dos Heinkel 70 atacaron Perales. Uno de ellos fue atacado por siete cazas rojos.

***Frente Sur.***- Observación de los Heinkel 70.-
A las 10,30 los aeródromos de Linares, los dos de Andújar y Don Benito, vacíos.
A las 10,30 la línea Linares-Andújar-Montoro, vacía.
A las 11,30 de Don Benito a Castuera, 7 Km. al N.O. de Castuera, un tren rápido.
A las 11,30, en la estación de Almorchón, sesenta vagones. En la de Cabeza de Buey, veinte vagones. La de Castuera, vacía.
En la carretera de Linares a Andújar, fortificaciones ambos lados. En la carretera de Andújar a Venta-Cardeña, fortificaciones. De Venta Cardeña a Montoro, la carretera cortada y fortificada a los dos lados. Entre Taracejo y Ormillar, diez camiones, dirección Sur.
Se han sacado fotografías de un puente a 6 km. al Sur de Almadén; otro a 10 Km. al E. de Cabeza de Buey.

**Día 19** ***Frente Sur.***- Reconocimiento de los Heinkel 70.-
A las 11,45 h., a la salida de Pozoblanco, ocho camiones en dirección E. En el centro del pueblo apenas sí había movimiento. En la carretera de Pozoblanco a Villanueva de Córdoba varios camiones diseminados, dirección E.
En la línea de ferrocarril de Pozoblanco-Villanueva, ningún movimiento. En la estación a 8 km. al E. de Pozoblanco, una locomotora y diez vagones. En Villanueva de Córdoba, movimiento extraordinario de tropa. En la estación de Andújar, unos 20 vagones. En la carretera de Pozoblanco a Viso, movimiento de fugitivos, hacia el Norte. En la carretera de Viso a Santa Eugenia, mucho movimiento de fugitivos, en dirección N., así como gran cantidad de ganado.

**Día 23** ***Frente del Centro.***- Un Heinkel 70 reconoció Villamayor, observando ocho aparatos de bombardeo.

***Frente de Aragón.***- Noticias posteriores a la hora de cerrar el parte comunican que en el día de ayer, 23, se destruyeron, dejando fuera de servicio, las Centrales Hidroeléctricas de Seira y Serós.
En el día de ayer, 24, se consignó por error, que se había dejado fuera de servicio la Central Hidroeléctrica de Seira, cuando en realidad lo fue la de Sástago.

**Día 24** ***Frente de Aragón.***- En el día de hoy se actuó sobre la central de Camarasa, sin conseguir su destrucción.

**Día 25** ***Frente de Aragón.***- En un ataque sobre la Central Hidroeléctrica de Tremp, con dos aviones, se lanzaron 12 bombas de 50 Kg. Se consiguieron buenos blancos, pero posteriormente, en un ataque realizado por los mismos aviones, la Central voló, quedando destruida por completo.

**Día 26** ***Frente de Aragón.***- Un Heinkel 70 salió para bombardear Camarasa. Tuvo que abandonar el servicio por haber sido atacado por un "Curtiss", recibiendo varios impactos.

*Recopilado por Rafael A. Permuy López*
*Fuente: AHM.DN.CGG. Aviación*

*Una patrulla de Heinkel He 70 en su aeródromo. El avión con matrícula 14-33 aún conserva su librea original. El segundo ejemplar ya ha recibido pintura de camuflaje, más acorde con el terreno.*

***An He 70 flight at their base. Aircraft 14-33 still in original livery, the second plane has already got a camouflage, more suitable to this area.***

Juan Arráez Cerdá

*Página anterior: Tres vistas del He 70 matriculado 14-34 "camuflado" a rayas azules y blancas. Este era el aparato de la Cóndor que portaba un camuflaje más raro y vistoso y fue el protagonista de un enfrentamiento con un caza gubernamental en una misión sobre la Central eléctrica de Camarasa.*

***Previous page: Three views of He 70 E 14-34, "camouflaged" in white and blue stripes. This aircraft, with the most uncommon and attractive colour scheme in the Legión Cóndor, had an encounter with a loyalist fighter over Camarasa power station.***

frente asturiano, concretamente bombardeando una concentración de camiones en Sograndio y la Manjoya, en Oviedo, el día 5 de ese mes. El capitán Enrique Cárdenas, jefe de información del aeródromo leonés, voló de tripulante en uno de los Heinkel 70 alemanes. Este mismo día, en el frente del Centro, los "Rayos" reconocieron el aeródromo de Alcalá de Henares, viendo dos aviones de bombardeo, diez cazas en tierra y otros dos que despegaban en el momento del reconocimiento, aunque estos no lograron alcanzar a los Heinkel.

Durante las operaciones de Guadalajara, también desarrolladas en este mes de marzo, los He 70 apoyaron, desde la base salmantina de Matacán, a la Aviación Legionaria. El 6, a las 7,40 h, un avión reconoce el aeródromo de Alcalá de Henares. El día 8, los "Rayos" intentaron reconocer el frente, sin poder observar nada, a causa de las muchas nubes. El 13, realizaron dos reconocimientos sobre el frente alcarreño y los aeródromos de Azuqueca, Alcalá de Henares y San Sebastián de los Reyes, donde no vieron aviones. Salieron cuatro cazas republicanos en su persecución, sin que pudieran darles alcance. El día 15 una patrulla de tres monoplanos Heinkel bombardeó el aeródromo de Barajas, donde se apuntó la destrucción de cuatro aviones de bombardeo y nueve de caza. Los "Rayos" fueron atacados por los cazas "Mosca" gubernamentales, y el ametrallador de uno de los He 70 se adjudicó el derribo de uno de los I-16. Al día siguiente un Heinkel 70 reconoció el frente de Guadalajara y otros dos bombardearon Perales, siendo atacados de nuevo por siete cazas gubernamentales, sin resultado. En la madrugada del día 23 dos "Rayos" realizaron un bombardeo sobre el aeródromo de Guadalajara, otro atacó el de Alcalá de Henares, y un cuarto el de Chinchón. Poco después, otro He 70 reconoció el campo de Villamayor de Santiago, viendo ocho aviones de bombardeo.

Durante este mes reanudaron los "Rayos" de la "Cóndor" sus acciones sobre las centrales eléctricas de Aragón y Cataluña. Así, el día 23, la patrulla Heinkel de bombardeo volvió al aeródromo de Zaragoza y atacó las centrales de Sástago y Serós, averiándolas. El 24, intentaron destruir la de Camarasa, sin conseguirlo. Del aeródromo de Lérida despegó una patrulla de "Chatos", sin encontrar a los atacantes. Al día siguiente, 25, salieron los He 70 de nuevo y dejaron fuera de servicio la Hidroeléctrica de Tremp, lanzando 12 bombas de 50 kilos, en un primer servicio, logrando buenos blancos. El servicio posterior, realizado por los mismos aviones, consiguió la total destrucción de la mencionada central. Los "Chatos" salieron, una vez más, para perseguir a los aviones incursores, sin conseguir alcanzarlos. Al día siguiente volvieron a actuar los "Rayos", a las 13 h., intentando bombardear de nuevo Camarasa y, en esta ocasión, uno de los "Chatos", que salió para interceptar la incursión, consiguió ver "un avión enemigo tipo Heinkel monomotor ala baja, camuflado a rallas (sic), que rehuyó el combate, siendo perseguido y ametrallado, disparándole 500 cartuchos sin que al parecer fuese tocado." El avión atacado sería, muy probablemente, el He 70 matriculado 14-34, que estaba así pintado, con rayas azules y blancas, y –según el parte de la "Cóndor"– recibió varios impactos. Los servicios detallados de los "Rayos", durante el mes de marzo de 1937, se pueden ver en el Cuadro nº 2.

Mientras, continuaron llegando nuevos Heinkel He 70, de ambas versiones E y F –bombardeo y reconocimiento fotográfico–, hasta alcanzar otros diez ejemplares, llegándose hasta la matrícula 14-54. Los "Rayos", que se montaban en el Parque de Aviación de Sevilla, prestaron nuevos servicios desde la base andaluza, actuando en reconocimientos sobre los aeródromos republicanos de La Mancha, Andalucía y Murcia, y, asimismo, realizaron algún vuelo de observación y abastecimiento del Santuario de la Cabeza, con los aviones 14-45 y 14-49, pilotados por el capitán Hans von Kessel[6], jefe de la patrulla de He 70 de Tablada. Poco después, y para sustituir a los "Rayos" desplazados del Norte,

6 Von Kessel fue derribado, volando en un Dornier Do 17, sobre Llanes, el 4 de septiembre de 1937, falleciendo junto a su tripulación. Obtuvo, a título póstumo, la Medalla Militar Individual.

los basados en Sevilla hubieron de trasladarse al frente central. Poco duró aquel desplazamiento, pues tuvieron que regresar a Tablada, al objeto de apoyar la ofensiva del general Queipo de Llano en el frente andaluz de Córdoba, ya que no se disponía de aviones de caza, pero los He 70 podían eludir, sin problemas, a los "Chatos" gubernamentales durante los servicios que prestaron.

A mediados de marzo, la "Legión Cóndor" se reorganizó y llegaron los primeros Dornier Do 17F, aunque, inicialmente, no se integraron en la unidad de reconocimiento, sino en la escuadrilla experimental de bombardeo VB/88. En cambio, en la A/88 se creó una *Kette*, equipada con biplanos Heinkel He 45, destinada al reconocimiento táctico de primera línea. Dos Heinkel 70, concretamente los matriculados 14-51 y 14-52, fueron agregados a la Plana Mayor del grupo de bombardeo K/88, como aviones de exploración, siendo pilotados por los suboficiales Oldenburg y Stahl, actuando como observadores los tenientes Balthasar y Kaldrack[7].

Para las operaciones del frente de Vizcaya, los diez "Rayos" de la unidad A/88 se situaron en el aeródromo de Gamonal (Burgos), debutando el día 31, al comenzar la ofensiva, con un servicio catastrófico, al equivocarse de objetivos, según apunta en su diario el propio jefe de Estado Mayor de la "Cóndor", teniente coronel von Richthofen. Al día siguiente los He 70 bombardearon, con éxito, baterías enemigas y tráfico de camiones en Ochandiano. El 8 de abril seis "Rayos" intentaron bombardear el aeródromo bilbaíno de Lamiaco, pero fueron rechazados por el ataque de cuatro "Chatos", de la escuadrilla del teniente Felipe del Río. En la jornada siguiente, varios He 70, junto con los bimotores experimentales, tras un bombardeo sobre Galdácano, se trasladaron a Sevilla, para operar en Andalucía, al objeto de frenar la ofensiva republicana sobre Peñarroya, pero los bimotores ya estaban de vuelta en el Norte el día 13. En esta fecha, siete "Rayos" atacaron la carretera Ochandiano-Dima, servicio que repitieron el día 15, sobre el tráfico de la carretera de Ochandiano-Mañaria-Durango. Durante la jornada del 18 siete He 70 realizaron un bombardeo sobre los aeródromos bilbaínos de Lamiaco y Sondica, esquivando el combate con los "Chatos", pero no así uno de los tres Dornier Do 17, que atacaban los mismos objetivos, y que cayó derribado en Galdácano. El día 20 varios "Rayos", acompañados de la VB/88, bombardearon las trincheras enemigas de los Inchortas y Elgueta. La jornada siguiente el objetivo de los He 70 fueron las carreteras al Norte de Elgueta y Elorrio, mientras que el día 25 atacaban las vías de comunicación al oeste de Eibar y Marquina. Los servicios del día 26, en que fue bombardeada Guernica, los aviones de la escuadrilla A/88 batieron las carreteras del sector Marquina-Guernica-Guerricáiz, pero no actuaron sobre el pueblo. El 1º de mayo los "Rayos" apoyaron a las fuerzas italianas en el sector de Bermeo, ante el contraataque de las fuerzas vascas.

Entretanto, en Sevilla continuaban algunos Heinkel 70 y uno de ellos, en concreto el 14-39, comprueba el día 25

7 Guernica. 26.4.37. Klaus A. Maier. Pág. 134

Juan Arráez Cerdá

*El "Rayo" numerado 14-34 luce un camuflaje algo diferente al que se aplicó a la mayoría de los aparatos entregados a los pilotos españoles. Bajo la cabina, un emblema personal: un grifón.*

***Rayo 14-34 sports a camouflage that was slightly different from most aircraft handed over to Spanish crews. The personal emblem under the cabin is a griffon.***

Juan Arráez Cerdá

*El Heinkel He 70, con matrícula 14-47, al que antes veíamos con su pintura original, ya ha sido camuflado. Este ejemplar en concreto, sobrevivió a la contienda.*

***He 70 E 14-47 now camouflaged. This particular plane survived the war.***

«Canario» Azaola.

*En pleno verano de 1937, ante el "Rayo" matriculado 14-56, se fotografían dos jóvenes alféreces españoles. A la derecha reconocemos a Luis Dávila Ponce de León, tripulante de Breguet XIX, Aero 101 y Dornier Do 17, por orden cronológico.*

***Summer 1937, two young Spanish lieutenants posing in front of Rayo 14-56. On the right, Luis Dávila Ponce de León, who flew Breguet XIXs, Aero 101s and Dornier Do 17s, chronologically.***

de abril, en su reconocimiento, que el Santuario de la Cabeza está prácticamente destruido, pero aún pudo observar que sus defensores resistían, por lo que se lanzan palomas mensajeras a fin de que pudieran comunicarse a través de ellas. El último vuelo sobre el Santuario lo realizó el teniente Hemm, que vuela el "Rayo" 14-53, el día 2 de mayo, efectuando cuatro pasadas sobre el mismo y comprobando su ocupación total por las tropas republicanas. La heroica resistencia del capitán Cortés había finalizado.

El día 7 de mayo, en el Norte, siete He 70, acompañados por tres Do 17, y protegidos por otros siete Bf 109, efectuaron un servicio de bombardeo sobre el aeródromo de La Albericia (Santander). El bombardeo se repitió al día siguiente, lográndose buenos impactos por parte de los "Rayos". Durante este mes, los Heinkel germanos comienzan a sufrir sus primeros contratiempos. Así, el día 11, un "Rayo" fue alcanzado desde tierra por disparos de fusil, que le perforan el depósito de aceite, lo que obligó al avión a tomar tierra fuera de campo, en el aeródromo eventual de Ochandiano. Las baterías terrestres enemigas localizaron el aparato y lo batieron con sus fuegos, aunque, afortunadamente, no fue impactado y pudo despegar de nuevo, tras ser reparada la avería. El día 22 un nuevo "Rayo" fue alcanzado por fuego de tierra, también de armas ligeras, y tuvo que aterrizar forzosamente, una vez más en Ochandiano, por las averías producidas. A partir del día 27 de mayo la "Legión Cóndor" comenzó una fuerte ofensiva sobre los aeródromos republicanos de Santander, donde se concentraba el grueso de la aviación gubernamental actuante en el Norte, para intentar su neutralización en tierra. En esa misma fecha los He 70, escoltados por los cazas Bf 109, atacaron el campo de aviación de Orzales, en las cercanías de Reinosa, y al día siguiente, fueron ocho los "Rayos" que, de nuevo protegidos por los Messerschmitt, bombardearon el aeródromo de La Albericia, situado al Noroeste de la capital santanderina, donde consiguieron –según el parte de la "Cóndor"– incendiar cinco "Chatos" en el suelo. Los cazas Bf 109 se apuntaron otros dos derribos de I-15 y los Dornier Do 17 ametrallaron a otro. Fue este un duro golpe para la escuadrilla de caza republicana del teniente José Riverola, que, además de los aviones citados, perdió a dos de sus pilotos y otro resultó herido. Estas bajas fueron confirmadas por los partes gubernamentales.

En junio de 1937, tras la ruptura del "cinturón de hierro" de Bilbao, en la que los He 70 participaron activamente, continuaron realizando servicios de ataque al tráfico de carreteras, efectuando, a veces, tres o cuatro servicios diarios. El día 14 nueve aviones de la escuadrilla A/88 bombardearon las carreteras entre Bilbao y Lujua dos veces, y efectuaron una tercera salida para atacar la carretera de Bilbao a Llodio. El día siguiente, 15, los "Rayos" sufrieron su primera baja definitiva, registrada en acción de guerra. En esta jornada los cañones del Grupo Mixto Antiaéreo republicano del Norte alcanzaron de lleno a un Heinkel He 70, tripulado por los tenientes Siegfried Gottanka y Helmut Hildemann y el suboficial Fritz Heerschlag, que fue abatido en Miravalles (Bilbao), falleciendo los tres aviadores en el siniestro. El boletín de

Juan Arráez Cerdá.

*El He 70 matriculado 14-48 fue otro de los supervivientes de la guerra. Y añadiremos que uno de los más longevos.*

***He 70E 14-48 was another war survivor and one of the longest-lived at that.***

información nº 54 de la Jefatura del Aire nacional ya había alertado, el día 8 de junio, de la existencia de nuevos cañones antiaéreos en Bilbao, situados concretamente en el monte Archanda, en la terraza del Hotel "Carlton", en la cuesta de Castresana, en el monte Pagasarri y la esquina de la calle Orueta. Se trataba de cañones de 20 mm. Oerlikon, recién llegados al Norte. Las bajas mortales no desanimaron a los tripulantes de los "Rayos", que el día 18 efectuaron un nuevo servicio sobre las alturas al Sur de Bilbao y otro posterior, sobre la carretera de Bilbao a Santander.

Tras la caída de la capital vizcaína, la "Legión Cóndor" al completo se traslada hacia los aeródromos del Centro, donde toma parte en la batalla de Brunete, ya en el mes de julio, pero a finales de este mes regresa al Norte, para operar sobre Santander. La escuadrilla A/88 empieza a recibir los bimotores Dornier Do 17 y ello permite la cesión a la Aviación Nacional de tres de sus He 70, primeramente los matriculados 14-36, 14-45 y después el 14-56, que pasaron a ser pilotados por Luis Díez de Rivera Almunia[8], Emilio Jiménez Ugarte "El Palomo"[9], Carlos Soler Madrid[10], Antonio Rueda Ureta[11] y José Muñoz Jiménez "El Corto"[12]. Estos aviones fueron asignados a cada una de las Regiones Aéreas Sur, Norte y Levante y actuaron, principalmente, desde los aeródromos de Sevilla, León y Zaragoza, en misiones de reconocimiento casi diarias. Los servicios prestados por los "Rayos" –tanto alemanes como españoles–, durante las operaciones de Brunete, Santander, Belchite y Asturias, se reseñan diaria y puntualmente en los cuadros nº 3, 4, 5 y 6.

«Canario» Azaola.

Durante las campañas que hemos mencionado los He 70 de la "Legión Cóndor" sufrieron, al menos, cuatro bajas definitivas, todas ellas debidas a accidentes fortuitos, pero debieron de ser bastantes más[13]. Sin embargo, en el cuarto trimestre de 1937 aun llegaron otros tres "Rayos" –los últimos–, desde Alemania, que fueron matriculados del 14-55 al 14-57, destinados a reponer las bajas de la escuadrilla A/88, que por esta época pasó a ser mandada por el Comandante Joachim Gerndt.

8 Díez de Rivera estaba en situación de retirado, por la "ley de Azaña", con el empleo de capitán de Caballería, antes de incorporarse a la Aviación Nacional. Tomó el mando de una de las escuadrillas de Breguet XIX del grupo 4-G-10, con base en el aeródromo de Armilla (Granada), antes de pasar a los "Rayos". Posteriormente fue destinado a los Junkers Ju 52, al mando del grupo nocturno 1-G-22, sustituyendo a Manuel Gallego, y ejerciéndolo hasta principios de 1939. Obtuvo la Medalla Militar Individual, por méritos en la campaña y alcanzó el empleo de general de brigada de Aviación.

9 Jiménez Ugarte era capitán de Ingenieros y estaba destinado en los Breguet XIX del grupo de León, como jefe de escuadrilla, hasta que se le dio el mando de otra de Heinkel He 46 (4-E-11), actuando en los frentes del Centro y después en Zaragoza y Asturias. Pasó a pilotar uno de los "Rayos", junto con su primo José Muñoz Jiménez, hasta que, posteriormente, fue destinado a los trimotores Savoia S-79, como jefe de escuadrilla del grupo 4-G-28. Realizó 412 servicios de guerra y 722 horas de vuelo durante la guerra.

10 Carlos Soler era capitán de Caballería y estaba destinado en los Breguet del Grupo 22 de Tablada, pasando a actuar con estos aviones en el frente del Centro, desde donde regresó a Sevilla, como jefe de escuadrilla del Grupo 3-G-10, y siguió actuando en los frentes del Sur, hasta que se hizo cargo de uno de los "Rayos" cedidos por la "Cóndor". En octubre de 1937 tomó el mando del 7-G-14, equipado con estos aviones, hasta ser relevado por Sartorius.

11 Antonio Rueda, capitán de Infantería, se encontraba realizando el 1º curso de Ingeniero aeronáutico, en la Escuela Superior de Aerotécnica, cuando estalló la guerra. Se incorporó a los Breguet XIX de Sevilla. Fue habilitado para comandante en diciembre de 1936, haciéndose cargo del mando del Grupo 3-G-10, con base en Tablada (Sevilla), actuando en los frentes del Sur, hasta que pasó a pilotar uno de los He 70, después de haber sido disuelto su anterior grupo. Después tomó el mando de la escuadrilla regional de reconocimiento 4-E-14, con base en el mismo aeródromo.

12 José Muñoz Jiménez, era capitán de Infantería, destinado en el Grupo Breguet de Logroño. Pasó por los "Dragones" y Romeo 37, actuando, durante algún tiempo en los "Rayos", junto a su primo Jiménez Ugarte, realizando con estos aparatos 70 servicios y 87 horas de vuelo. Pronto se le dio el mando del Grupo 1-G-2 de "cadena", equipado con los He 51, con el que obtuvo su mejor palmarés. Desapareció en Rusia, volando con la 1ª "Escuadrilla Azul", poco antes de la fecha fijada para que se hiciese cargo del mando de la 2ª, para lo que estaba propuesto.

13 Laureau y Fernández, en su libro "La Legión Cóndor", identifican como Heinkel 70 las bajas de los días 10.7.37, 23.8.37 y 4.9.37, siendo, en realidad, dos Dornier Do 17 y un He 45. En cuanto al "Rayo", supuestamente derribado sobre Gijón el 23 de agosto, no aparece en el parte de la "Legión Cóndor", puesto que la mencionada unidad no operó sobre Asturias en la fecha que nos ocupa. Los autores citados añaden una última baja, por accidente, de un He 70 pilotado por el teniente Runze, en octubre de 1937, del que tampoco hay registro documental.

«Canario» Azaola.

*El comandante Carlos Soler Madrid fue uno de los primeros pilotos españoles que voló el "Rayo". Asimismo fue el primer jefe del Grupo 7-G-14, formado con estos aviones.*

*Abajo, izquierda: A la izquierda el comandante Carlos Soler, al que acompañan dos oficiales de la Aviación Legionaria italiana. El de la derecha es el mayor Andrea Zotti, jefe del Grupo de Caza nº 23 "As de Bastos".*

*El capitán Antonio Rueda Ureta, jefe de la Escuadrilla 4-E-14, con base en Tablada (Sevilla).*

«Canario» Azaola.

## Cuadro 3

### Servicios de los Heinkel He 70 "Rayo" durante el mes de julio de 1937

**Día 2:** ***R.A. Sur.- Sevilla.-*** Se efectúa un servicio de reconocimiento por un Heinkel 70 del frente enemigo, desde el N. de Córdoba a D. Benito, observando más actividad que en reconocimientos anteriores.

**Día 4** ***R.A. Sur.- Sevilla.-*** Un servicio de reconocimiento por un Heinkel 70 del sector Córdoba-Jaén, observando en la estación de Espeliu gran cantidad de material ferroviario. En el resto de la zona nada anormal.

**Día 5** ***R.A. Sur.- Sevilla.-*** Se efectúa un servicio de reconocimiento por un Heinkel 70 (*Rayo*) del frente de Jaén, observando gran cantidad de material ferroviario en la estación de Jaén y en la de Alcaudete 40 vagones. En el resto del frente no se observó nada anormal.

**Día 6** ***R.A. Sur.- Sevilla.-*** Un servicio de reconocimiento por un Heinkel 70 (*Rayo*) del frente de Alcalá la Real, observando 40 vagones de f.c. en la estación de Martos, y un convoy de unos 8 camiones de Alcaudete a Alcalá la Real. En el resto de la zona no se observó nada anormal.

**Día 7** ***R.A. Sur.- Sevilla.-*** Se efectúan los siguientes servicios:
1/ Reconocimiento y bombardeo sobre la zona Jaén-Torredonjimeno-Martos-Alcaudete y Alcalá la Real, observando algunos grupos de camiones.
2/ Reconocimiento de la zona Guadix-Morera-Iznalloz-Jaén-Martos-Valdepeñas-Alcalá la Real, observando en Moreda mucho material ferroviario y en Torredonjimeno 40 camiones. En el resto de la zona nada anormal.

***LEGIÓN CÓNDOR.-*** *Frente de Madrid.-* He 70 (*Rayos*) y VB/88 (Bombarderos rápidos), con 15 aviones, efectúan un bombardeo sobre las carreteras de Brunete-Villanueva de la Cañada-Valdemorillo.

**Día 8** ***R.A. Sur.- Sevilla.-*** Se efectúan los siguiente servicios:
1/ Reconocimiento del frente Castro del Río-Baena-Martos-Jaén-Alcalá la Real, observando mucho material ferroviario en la estación de Jaén.
2/ Reconocimiento del frente de Extremadura, sin observar nada anormal.

**Día 10** ***R.A. Sur.- Sevilla.-***
1/ Reconocimiento fotográfico del frente de Extremadura.
2/ Reconocimiento del frente de Córdoba, sin observar nada anormal.

***LEGIÓN CÓNDOR.-*** *Frente de Madrid.-* A/88 (*Rayos*).- Efectúan tres bombardeos en el sector Brunete-Villanueva de la Cañada-Quijorna.

**Día 11** ***LEGIÓN CÓNDOR.-*** *Frente de Madrid.-* A/88 (*Rayos*).- Dos servicios de bombardeo en el sector Brunete-Villanueva de la Cañada.

**Día 13** ***LEGIÓN CÓNDOR.-*** *Frente de Madrid.-* He 70 (*Rayos*).-
1/ Bombardeo en Villanueva de la Cañada.
2/ Bombardeo en Villanueva del Pardillo.
3/ Bombardeo en el valle dos Km. Al SO. de Villanueva del Pardillo.

**Día 16** ***R.A. Sur.- Sevilla.-*** Reconocimiento del frente de Extremadura, hasta Guadalupe, sin observar nada anormal, por un He 70 (*Rayo*).

**Día 17** ***R.A. Norte.- León.-*** Reconocimiento por un He 70 (*Rayo*) de todo el frente de Oviedo, aeródromos y puertos de Avilés y Gijón, observando los aeródromos sin material, en el puerto de Gijón seis barcos grandes y en el de Avilés tres pequeños.

***LEGIÓN CÓNDOR.-*** *Frente de Madrid.-* He 70 (*Rayos*).- Bombardearon el aeródromo de Villafranca.

«Canario» Azaola.

*En este "Rayo", a "vista de pájaro", podemos apreciar una modalidad de los distintivos de identificación de los aviones nacionales. En este caso, además de la punta del plano, en blanco, y el circulo negro, vemos la cruz de San Andrés blanca, que no llega al borde de salida del ala.*

***This bird's-eye view of a Rayo shows a variation on the Nationalist identification markings. In this case, besides the white wingtips and black circle, the white St Andrew's cross does not reach the wing's trailing edge.***

*Otra modalidad diferente de identificación en estos dos He 70, del Grupo 7-G-14. En el círculo negro del fuselaje va superpuesta la cruz de San Andrés blanca. Algo no muy habitual. El ejemplar en primer plano fue el último en ser dado de baja en el Ejército del Aire.*

***Another variation shown on these two Grupo 7-G-14 He 70 Es, the white St Andrew's cross on the black circle, something rather uncommon. The plane in the foreground was the last one to be stricken off charge in the* Ejército del Aire.**

«Canario» Azaola.

«Canario» Azaola.

*Verano de 1937 en el aeródromo de León. A este "Rayo" le acompañan los Aero A.101, las "Ocas" del 5-G-17. El oficial con mono y casco de vuelo blancos, que luce copiosa barba, es el comandante Francisco Iglesias Brage, jefe de Estado Mayor de la Región Aérea Norte.*

***Summer 1937 in León air base. This Rayo is in company of the Aero A.101s, nicknamed* Oca *(goose), of* Grupo *5-G-17. The officer in white goggles and flying overalls with a long beard is* comandante *Francisco Iglesias Brage, HQ CO of* Región Aérea Norte.**

*Vuelo, en formación de ala, del Grupo 7-G-14. Al fondo puede apreciarse un bimotor Dornier Do 17 "Bacalao".*

***Formation flight of* Grupo *7-G-14 with a Dornier Do 17* Bacalao *(cod, Spanish nickname for the type) in the background.***

«Canario» Azaola.

**Día 18** ***R.A. Norte.- León.-*** Reconocimiento del frente enemigo de Reinosa a Riaño, sin observar nada anormal.

***LEGIÓN CÓNDOR.-*** *Frente de Madrid.-* He 70 (*Rayos*).- Primer bombardeo sobre emplazamientos de artillería, cerca de Valdemorillo; otros dos bombardeos sobre Villanueva de la Cañada.

**Día 20** ***LEGIÓN CÓNDOR.-*** *Frente de Madrid.-* He 70 (*Rayos*).-
1/ Bombardeo de la zona S.W. de Villanueva del Castillo.
2/ Reconocimiento del sector SE. de Madrid y aeródromos enemigos del sector.

**Día 21** ***LEGIÓN CÓNDOR.-*** *Frente de Madrid.-* He 70 (*Rayos*).-
1/ Bombardean la zona de Villanueva de la Cañada.
2/ Efectúan dos vuelos de reconocimiento sobre el sector S. de Aranjuez y el sector E. de Madrid, observando mucha defensa antiaérea.

**Día 23** ***R.A. Norte.- León.-*** Reconocimiento fotográfico del frente de Somiedo a Pajares por un He 70 (*Rayo*).

***LEGIÓN CÓNDOR.-*** *Frente de Madrid.-* He 70 (*Rayos*).- Bombardearon el sector de Brunete.

**Día 24** ***R.A. Norte.- León.-*** Reconocimiento fotográfico de la zona de La Robla (carretera León-Puerto Pajares) por un Heinkel 70 (*Rayo*).

***R.A. Sur.- Sevilla.-*** Reconocimiento de la zona de Pozoblanco a Villanueva de Córdoba, sin observar nada anormal.

**Día 25** ***R.A. Centro.-***
1/ A las 11,15, con 11 aviones Junkers y 9 He 70 (*Rayo*) bombardeo al N. de Brunete y proximidades del Km. 33 de la carretera del Escorial a Navalcarnero. En este servicio la caza de protección entabló combate con formación enemiga de Boeing (*Ratas*) derribando cinco aviones. Uno de nuestros pilotos de caza fue herido levemente en un brazo, aterrizando sin novedad en el aeródromo.
2/ A las 15,50, los He 70 (*Rayos*) y caza Messerschmitt efectúan un servicio derribando un *Rata* (Boeing) tres Km. al N. de Las Rozas, sin novedad por nuestra parte.

***LEGIÓN CÓNDOR.-*** He 70 (*Rayos*). - Bombardeo en el sector NE. de Brunete.

**Día 26** ***R.A. Norte.- León.-*** Se intenta un reconocimiento del Puerto de Santander, no pudiendo efectuarlo por mal tiempo.

***LEGIÓN CÓNDOR.-*** He 70 (*Rayos*). - Con seis aviones bombardeo sobre la zona Villanueva de la Cañada-Valdemorillo.

**Día 28** ***R.A. Norte.- León.-*** Reconocimiento fotográfico del Puerto de Pajares a Peña Ubiña por un He 70 (*Rayo*).

**Día 29** ***R.A. Sur.- Sevilla.-*** Reconocimiento de la zona y campos de aterrizaje de Jaén-Baeza-Andújar-Pozoblanco-Santa Eufemia y Cabeza de Buey, sin observar nada anormal ni material aéreo en los campos, por un He 70 (*Rayo*).

***R.A. Norte.- León.-*** Reconocimiento fotográfico de la zona del Puerto de Pajares (no terminado de efectuar por las muchas nubes) por un He 70 (*Rayo*).

**Día 31** ***R.A. Sur.- Sevilla.-*** Reconocimiento del sector de Extremadura por un He 70 (*Rayo*), observando una concentración de 20 camiones en Pozoblanco y otra de 40 en Castuera.

*Recopilado por Rafael A. Permuy López*
*Fuente: AHM.DN.CGG. Aviación*

Juan Arráez Cerdá

*Bellísima estampa de un He 70 volando a gran altura, en la que se observan las finas y estilizadas líneas del aparato.*

***Beautiful view of a He 70 E over spanish country.***

*Página siguiente, arriba izquierda: Los armeros se disponen a colocar las bombas en el "Rayo" matriculado 14-44. Este avión, en el círculo negro del fuselaje, lleva una banda horizontal blanca, que podría tratarse del símbolo identificativo del Jefe de Escuadrilla.*

***Next page, top left: Armourers about to bomb up Rayo 14-44. The white band on the fuselage black circle could be the markings of an Escuadrilla's CO.***

### En las filas de la Aviación Nacional

Al desaparecer el frente Norte,las unidades de la "Legión Cóndor" pasaron a León para revisar todos sus aviones en el Parque de dicho aeródromo, cediendo a la Aviación Nacional todos los "Rayos" supervivientes, a excepción de dos de ellos que, retirados de primera línea, pasaron a desempeñar misiones de correo y enlace entre los aeródromos. Con los nueve aviones de este tipo entregados en esta ocasión –ver cuadro nº 7–, más los tres anteriormente citados, se constituyeron las siguientes unidades: el Grupo 7-G-14, con ocho aviones, que se integró en la 3ª Escuadra mixta de la 1ª Brigada del Aire, y las escuadrillas independientes 3-E-14 y 4-E-14, que se adjudicaron a las Regiones Aéreas del Centro y del Sur, y contaban con dos "Rayos" cada una. El Grupo 7-G-14 quedó al mando del Comandante Carlos Soler Madrid, siendo sus escuadrillas la 1-E-14 (Fernando Martínez Mejías[14]) y 2-E-14 (José Mª Barrera González-Aguilar[15], y luego Francisco Alonso Pimentel[16]). Las Escuadrillas 3-E-14 y 4-E-14 fueron mandadas por Carlos Sartorius Díaz de Mendoza[17] y Antonio Rueda Ureta, respectivamente, sustituido este último, en el otoño de 1938, por Fernando Martínez Mejías.

**Documento de entrega de 9 Heinkel He 70 "Rayo" a la Aviación española por la "Legión Cóndor"**

Comunica el General SANDER... pone en conocimiento de la Aviación Española, que puede inmediatamente hacerse cargo de los siguientes aparatos:

9 Heinkel 70 y 9 Junkers 52

Burgos 21 de Octubre de 1937
II Año Triunfal

*(AHM. DN.CGG. Legión Cóndor)*

Durante el mes de octubre de 1937 el capitán Carlos Haya, que había cesado en el mando de una de las escuadrillas del grupo nocturno de Ju 52, efectuó servicios a bordo de uno los He 70 "Rayo" entregados a los pilotos hispanos.

Las misiones de los "Rayos" españoles estuvieron principalmente destinadas al bombardeo, aunque continuaron realizando algunas de reconocimiento fotográfico. Comienzan a actuar en diciembre de 1937, efectuando servicios en el frente de Zaragoza los días 10 y 13 y, poco después, en la ofensiva de Teruel y en la posterior del Alfambra, con base en el aeródromo "Sanjurjo" (Zaragoza) primero y en el de Buñuel des-

14 Martínez Mejías, capitán de Infantería, era jefe de la 3ª escuadrilla Breguet de Larache, con la que se incorporó a Tetuán, y allí siguió hasta mediados de 1937, pues por estas fechas, al ser habilitado para comandante, pasó destinado a la Península, donde se incorporó al nuevo Grupo de "Rayos". Sucedió a Rueda en el mando de la escuadrilla 4-E-14 y, posteriormente, a finales de 1938 fue nombrado jefe del Grupo Mixto 86-70.

15 José Mª Barrera era teniente de navío, aviador naval, destinado en Barcelona como subdirector de la Escuela de Aeronáutica Naval. Inicialmente fue detenido en la Ciudad Condal, pero consiguó pasar a territorio nacional. En noviembre de 1937 se le destinó a disposición de la Jefatura del Aire y, tras pasar por la Escuela del Copero (Sevilla), para reentrenamiento, se le encomendó la dirección de la 2ª Escuadrilla He 70, del Grupo 7-G-14, con base en Aranda de Duero. Realizó algunos servicios con los "Rayos" en los frentes de Guadalajara y Teruel. Pronto volvió a los hidros, pues en julio de 1938 se hizo cargo del mando de la Escuadrilla de Heinkel He 60.

16 Alonso Pimentel era teniente de Caballería. Al empezar la guerra estaba en situación de "Eventualidades", por haber cesado en el Centro de Vuelos sin motor, donde ejercía como profesor. Se incorporó al aeródromo de Burgos, volando en los Breguet XIX, hasta finales del año 1936, fechas en las que se incorporó a los Junkers Ju 52 del 3º Grupo. Ascendió a capitán en marzo de 1937 y en diciembre pasó destinado al Grupo 7-G-14, como jefe de escuadrilla. Alcanzó el empleo de general en el Ejército del Aire.

17 Carlos Sartorius estaba destinado, como oficial de enlace de Aviación, en el E.M. de la División de Caballería, en Madrid, al comienzo de la guerra, con el empleo de capitán de Infantería. Consiguó pasar a territorio nacional en octubre de 1937, momento en que promocionó a comandante y asumió el mando de la 3-E-14. Posteriormente, en agosto de 1938, ascendió a la jefatura del Grupo 7-G-14.

«Canario» Azaola.

«Canario» Azaola.

*Arriba, derecha: Bajo el morro de un He 70 posan, de izquierda a derecha, el comandante Rafael Martínez de Pisón Nebot, el comandante Carlos Sartorius Díaz de Mendoza, jefe del Grupo 7-G-14, y un mecánico de nombre desconocido.*

***Top right. Under an He 70 E nose, left to right, comandante Rafael Martínez de Pisón Nebot, comandante Carlos Sartorius Díaz de Mendoza, CO of Grupo 7-G-14, and an unidentified fitter.***

pués, actuando con eficacia en las misiones encomendadas y burlando, gracias a su rapidez, a la caza enemiga que desplegaba en las vecinas provincias de Cuenca, Castellón y Valencia. Finalizaron la campaña sin baja alguna en combate. Sin embargo, sobre Padilla, en Valladolid, había caído el 17 de diciembre de 1937, por accidente, el He 70 matriculado 14-54, con el resultado de muerte de sus tres tripulantes, los tenientes Pedro Antonio Pimentel Gallego (piloto) y Julián Díaz Güemes (observador), así como el sargento Epigmenio González Villar (mecánico), primeras víctimas de los "Rayos" hispanos.

Como dato curioso diremos que el comandante García Morato –"as" de la caza nacional– efectuó un servicio, de hora y media de duración, pilotando un Heinkel He 70, el día 24 de enero de 1938, que consistió en un bombardeo en picado sobre el frente de Bueñas.

Al finalizar la batalla de Teruel, el general Kindelán, Jefe del Aire, felicitaba el 23 de febrero a los aviadores españoles, haciendo expresa mención –entre otras– a la unidad Heinkel He 70 de reconocimiento, por "su debut militar, tan lucido". Tres días después, una escuadrilla del 7-G-14 se desplazó a Sevilla, desde donde operó, en el transcurso del mes siguiente, sobre los frentes de Ciudad Real y Jaén. El día 19 de marzo un avión resultó gravemente averiado, al tomar tierra sin desplegar el tren de aterrizaje, y los aviones matriculados 14-47 y 14-56 fueron alcanzados por disparos de tierra, pero lograron regresar al aeródromo.

Paralelamente, en marzo de 1938, comenzaba la gran ofensiva de Aragón y el avance hacia el Mediterráneo, logrando en tan solo 38 días dividir la zona republicana en dos y ocupar la totalidad de Aragón y buena parte de las provincias de Lérida, Tarragona y Castellón. El día 1 de dicho mes los "Rayos", ahora con base en el aeródromo "Sanjurjo" de Zaragoza, fueron protegidos por los Fiat CR-32 del 2G-3, en su misión de reconocimiento fotográfico. Sin embargo, en sus acciones, los He 70 pudieron seguir actuando sin protección de cazas, con toda tranquilidad, pues su velocidad les hacía prácticamente inalcanzables. En abril, regresó

*Abajo: Preciosa instantánea de una patrulla del 7G-14 en vuelo.*

***Bottom right. Nice shot of a 7-G-14 patrol.***

Juan Arráez Cerdá

## Cuadro 4

### Servicios de los Heinkel He 70 "Rayo" durante el mes de agosto de 1937

**Día 1** ***R.A. Norte.- León.-*** Reconocimiento fotográfico de la zona Somiedo-Pajares por un He 70 (*Rayo*).

**Día 2** ***R.A. Norte.- León.-*** Un servicio de reconocimiento en el sector de Peña Ubiña a Pajares por un He 70 (*Rayo*).

**Día 3** ***R.A. Sur.- Sevilla.-*** Reconocimiento del frente de Extremadura, de Casas de Don Pedro a Orellana la Vieja-Don Benito-Castuera-Peñarroya, para comprobar información de concentraciones en Navalmillar de Pola a Orellana, observando 30 camiones en Navalmillar de Pola. En el resto del frente, nada anormal.

**Día 4** ***R.A. Levante.- Zaragoza.-*** Reconocimiento del frente, desde el río Ebro al W. de Huesca, sin observar nada anormal por un He 70 (*Rayo*).

***R.A. Sur.- Sevilla.-*** Reconocimiento del frente de Extremadura, observando especialmente el sector Logrosán-Madrigalejo y D. Benito, sin encontrar nada anormal.

**Día 5:** ***R.A. Sur.- Sevilla.-*** Reconocimiento del frente de Extremadura, de Madrigalejo a Campillo de Llerena, observando escasa circulación por las carreteras, por un He 70 (*Rayo*).

***R.A. Norte.- León.-*** Reconocimiento fotográfico del frente, de Peña Ubiña a Pajares, por un He 70 (*Rayo*).

**Día 6** ***LEGIÓN CÓNDOR.-*** He 70 (*Rayos*). Efectúan dos reconocimientos fotográficos sobre los aeródromos enemigos y base de hidros de Santander, observando dos hidroaviones en el Puerto, cinco aviones en el Campo de Torrelavega y tres en el de Argomilla.

**Día 7** ***R.A. Sur.- Sevilla.-*** Reconocimiento del frente de Córdoba, de Pozoblanco a Montoro, sin observar nada anormal.

**Día 8** ***LEGION CÓNDOR.-*** Un servicio de reconocimiento fotográfico en el sector de Reinosa.

**Día 9** ***R.A. Levante.- Zaragoza.-*** Un servicio de reconocimiento por un He 70 (*Rayo*) en el sector N. de Zaragoza.

**Día 10** ***R.A. Levante.- Zaragoza.-*** Un servicio de reconocimiento en el sector Norte por un He 70 (*Rayo*).

***R.A. Norte.- León.-*** Un servicio de reconocimiento fotográfico por un He 70 (*Rayo*) en el sector Peña Ubiña-Puerto de Somiedo.

**Día 11** ***R.A. Levante.- Zaragoza.-*** Un servicio de reconocimiento con un He 70 (*Rayo*) en el sector Rubiales a Villel.

***LEGIÓN CÓNDOR.-*** Reconocimiento.- Dos Heinkel 70 (*Rayos*) y dos Dornier (Do 17) atacan las concentraciones y tráfico por la carretera al O. de Traslaviña.

**Día 12** ***R.A. Norte.- Osorno.-*** Reconocimiento fotográfico del sector de Aguilar de Campóo por un He 70 (*Rayo*).

***R.A. Levante.- Zaragoza.-*** Un servicio de reconocimiento del frente, de Zaragoza a Huesca.

***LEGIÓN CÓNDOR.-*** He 70 (*Rayo*). Efectuaron un reconocimiento por el frente de Madrid.

**Día 13** ***R.A. Norte.- Osorno.-*** Reconocimiento fotográfico de la zona de Reinosa por un He 70 (*Rayo*).

***LEGION CÓNDOR.-*** He 70 (*Rayo*).- Con nueve aviones efectúan reconocimiento y bombardeo de las posiciones enemigas al O. de Villaverde (Frente de Santander).

**Día 14** ***R.A. Norte.- Osorno.-*** Reconocimiento del frente enemigo del sector S. de Santander por un He 70 (*Rayo*).

***LEGIÓN CÓNDOR.-*** He 70 (*Rayo*).- Once aviones bombardean por tres veces las posiciones enemigas de la zona S. de Reinosa.

«Canario» Azaola.

*El mantenimiento es clave para el éxito de las misiones aéreas en el combate. Los mecánicos se afanan ante el motor de este "Rayo". Pero no dejan de posar para la foto.*

**Top. Maintenance is the key for success in combat. Groundcrew labouring on this *Rayo*'s engine but still in mood for a snap.**

*El personal técnico del Grupo 7G-14 inspecciona los daños causados por la metralla antiaérea gubernamental en el avión del jefe del Grupo 7-G-14.*

***Groundcrew of Grupo 7-G-14 inspecting flak damage on the plane of Grupo 7-G-14's CO.***

«Canario» Azaola.

«Canario» Azaola.

*En Singra (Teruel) el "Rayo" matriculado 14-36 ha quedado, sin graves daños, "bebiendo agua", como el argot aviatorio designaba el capotaje.*

***Singra (Teruel),* Rayo *14-36 has groundlooped without serious consequences.***

*La metralla de un proyectil antiaéreo de 20 mm. ha hecho estragos en el avión del comandante Sartorius. En el servicio durante el que fue alcanzado el "Rayo", le acompañaba el observador Luis Saro Díaz Ordóñez (3º Curso de Tripulantes). Las dos bandas blancas, sobre el círculo negro del fuselaje, con toda probabilidad, son el distintivo del Jefe de Grupo. Este sistema de identificación era similar al utilizado en la Regia Aeronáutica italiana.*

***20 mm flak shrapnel has peppered* comandante *Sartorius' plane. On this mission, the observer was Luis Saro Díaz Ordóñez (3rd Crew Course). Most probably, the white bands on the black circle are the identification markings of a Grupo's CO. This system was similar to the one in use in the Italian* Reggia Aeronautica.**

«Canario» Azaola.

**Día 15** ***LEGIÓN CÓNDOR.-*** *Frente de Santander.-* He 70.- Con siete aviones efectúan tres servicios de bombardeo sobre las posiciones Sur de Reinosa y las carreteras al N. y NW. de Reinosa.

**Día 16** ***LEGIÓN CÓNDOR.-*** *Frente de Santander.-* He 70 (*Rayo*).- Siete aviones efectúan tres servicios sobre el tráfico de carreteras en el sector de Arroyo y tráfico de carreteras al N. de Reinosa.

**Día 17** ***LEGIÓN CÓNDOR.-*** *Frente de Santander.-* Reconocimientos.- He 70.- Siete aviones reconocen y bombardean el cruce de carreteras y posiciones enemigas al N. de Reinosa.

**Día 18** ***LEGIÓN CÓNDOR.-*** *Frente de Santander.-*
1/ Siete He 70 efectuaron dos servicios sobre las carreteras inmediatas y al N. de Las Arenas.
2/ En un segundo servicio bombardearon los aeródromos de Santander.

**Día 21** ***R.A. Levante.- Zaragoza.-*** Reconocimiento por un He 70 del frente de Huesca, sin observar nada anormal.

***LEGIÓN CÓNDOR.-*** *Frente de Santander.-* He 70 (*Rayos*).- Once aviones bombardean la carretera y desfiladero al S. de Los Corrales.

**Día 22** ***LEGIÓN CÓNDOR.-*** *Frente de Santander.-* He 70 (*Rayos*).- Diez aviones efectuaron dos servicios de reconocimiento en las carreteras al W. de Castro Urdiales a Ramales.

**Día 23** ***R.A. Sur.- Sevilla.-*** Reconocimiento del frente de Extremadura por un avión He 70, observando siete camiones de D. Benito a Villanueva de la Serena, un tren en la estación de Castuera y otro con muchas unidades de Castuera a Cabeza de Buey.

***LEGIÓN CÓNDOR.-*** *Frente de Santander.-* He 70 (*Rayo*).- Efectúan dos servicios de reconocimiento en el sector W. de Torrelavega, bombardeando.

**Día 24** ***R.A. Levante.-*** *Zaragoza.-* He 70 (*Rayo*).-
1/ Un avión efectúa un reconocimiento en el sector Robles-Tardienta.
2/ Un reconocimiento en el sector Quinto-Belchite.

**Día 25** ***R.A. Sur.- Sevilla.-*** He 70 (*Rayo*).- Reconoce el sector de Extremadura, observando algún movimiento ferroviario entre Castuera y Cabeza de Buey.

**Día 27** ***R.A. Levante.-*** Un *Rayo* reconoció el frente enemigo desde Fuendetodos hasta el valle del Alfambra, no observando más que pequeños núcleos de fuerzas al S. de Fuendetodos.

***R.A. Sur.- Sevilla.-*** Un He 70 (*Rayo*) efectúa un reconocimiento en el sector Jaén-Iznalloz-Granada, sin observar nada anormal.

**Día 28** ***R.A. Sur.- Granada.-*** Un He 70 (*Rayo*) ha reconocido el sector Iznalloz-Guadix-Moreda, observando en este último lugar 80 vagones de f.c. y en el de Iznalloz 14 camiones y un tren formado.

**Día 29** ***R.A. Sur.- Granada.-*** Un He 70 (*Rayo*) reconoció el sector Iznalloz, sin observar nada anormal.

***LEGIÓN CÓNDOR.-*** *Frente de Santander.-* He 70 (*Rayo*).- Ocho aviones bombardean las alturas al NW. de Espinilla.

**Día 30** ***R.A. Levante.- Frente de Zaragoza.-*** Un servicio de reconocimiento sobre la zona Fuendetodos, Azuara y carretera de Herrera, por un He 70 (*Rayo*), no observando más movimiento en las carreteras que el de tres camiones blindados en la de Fuendetodos.

**Día 31** ***R.A. Levante.- Zaragoza.-*** Un He 70 (*Rayo*) ha efectuado un servicio de reconocimiento entre Belchite y Teruel, sin observar nada anormal.

***LEGIÓN CÓNDOR.-*** *Frente de Santander.-* He 70 (*Rayo*).- Con nueve aviones se ha efectuado un servicio de reconocimiento y bombardeo sobre la zona Sobrelapeña (16 km. al N. del valle de Cabuérniga) se vieron numerosas fuerzas enemigas.

*Recopilado por Rafael A. Permuy López*
*Fuente: AHM.DN.CGG. Aviación*

## Cuadro 5

### Servicios de los Heinkel He 70 "Rayo" durante el mes de septiembre de 1937

**Día 1:** ***R.A. Sur.- Sevilla.-*** Un He 70 ha efectuado dos servicios de reconocimiento, uno en el sector de Extremadura, sin observar nada anormal y otro sobre el de Peñarroya-Pozoblanco-Villanueva, observando 200 camiones repartidos entre los distintos pueblos de este sector y en las estaciones de los mismos algunos trenes formados. Impresión del reconocimiento, actividad en las vías de comunicación.

***R.A. Levante.- Zaragoza.-*** Un avión tipo He 70 (*Rayo*) reconoce el sector Fuendetodos, Sª Palomera y sector Alfambra.

**Día 2** ***R.A. Levante.- Zaragoza.-*** Un reconocimiento por un *Rayo* (He 70) entre Farlete y Tardienta.

***R.A. Sur.- Sevilla.-*** Un He 70 (*Rayo*) reconoce el sector Andújar, Villanueva de Córdoba, Pozoblanco, Hinojosa del Duque, observando algunos camiones en diferentes pueblos y un tren con numerosas unidades en Valsequillo y alguna actividad y fuego de A.A. en el sector de Peñarroya.

**Día 3** ***R.A. Sur.- Sevilla.-*** He 70 (*Rayo*).- Efectuó dos servicios de reconocimiento, uno del sector Peñarroya, donde observó algún movimiento por carreteras y vías de comunicación, y otro en el sector de Jaén, sin observar nada anormal.

***R.A. Levante.- Zaragoza.-*** Un *Rayo* efectuó un reconocimiento en el frente enemigo entre Almudévar y Esquedas, sin observar nada anormal.

**Día 4** ***R.A. Levante.- Zaragoza.-*** Reconocimiento por un He 70 del frente de Zaragoza a Huesca, sin observar nada anormal.

***LEGIÓN CÓNDOR.-*** He 70.-
1/ Efectúan un reconocimiento a vanguardia de la columna que operaba por la costa.
2/ Un avión reconoció los Puertos y Aeródromos, entre Llanes y Gijón.
3/ Cuatro aviones actuaron sobre trenes en movimiento en la estación de Llanes.

**Día 5** ***R.A. Sur.- Sevilla.-*** Un He 70 ha reconocido la zona enemiga desde Pozoblanco a D. Benito, no observando nada anormal en el sector de Extremadura, y algún movimiento en las vías de comunicación del sector de Pozoblanco.

***LEGIÓN CÓNDOR.-*** He 70.- Una escuadrilla ha efectuado un servicio de bombardeo sobre Nueva, 15 km. al w. de Llanes, donde se suponía establecido el Cuartel General del E.M.

**Día 6** ***R.A. Sur.- Sevilla.-*** Un He 70 (*Rayo*) efectúa un servicio de reconocimiento fotográfico sobre las posiciones enemigas en el sector de Peñarroya.

***R.A. Levante.-*** Reconocimiento por un He 70 (*Rayo*) del sector de Huesca.

***LEGIÓN CÓNDOR.-*** He 70.-
1/ Siete aviones han bombardeado los campos de aviación de Colunga y Cangas de Onís.
2/ Dos aviones han efectuado un bombardeo sobre la carretera a 8 Km. SW. de Llanes.

**Día 7** ***R.A. Levante.- Frente de Zaragoza.-*** Un *Rayo* ha efectuado dos servicios de reconocimiento en el sector de Huesca, sin observar nada anormal, y un tercer servicio de reconocimiento en el sector de Belchite con el mismo resultado.

***R.A. Sur.- Sevilla.-***
1/ Reconocimiento por un He 70 de la zona Iznalloz-Moreda-Guadix-Jaén-Martos-Alcaudete, observando 100 vagones en la estación del f.c. de Iznalloz (Granada). En los demás puntos, nada anormal.
2/ Reconocimiento del frente de Extremadura de D. Benito a Peñarroya, sin observar nada anormal.

***LEGIÓN CÓNDOR.-* He 70.-**
1/ Con ocho aviones efectuó un servicio de bombardeo sobre un cruce de carreteras al S. de Nueva.
2/ Estos mismos aviones efectuaron un segundo servicio sobre posiciones enemigas entre Naves y Rales.

*«Canario» Azaola.*

*Otra vista del He 70, matrícula 14-36, tras su accidente en Singra. Los tripulantes, el piloto José Luis Olaso García Ogara y el observador Santiago Ibarreta Ortega, resultaron ilesos. Ibarreta se habia titulado, como Tripulante de Avión de Guerra, en el 5º Curso de esta Especialidad.*

***Another view of He 70 E 14-36 after the Singra mishap. The crew, pilot José Luis Olaso García Ogara and observer Santiago Ibarreta Ortega, were not injured. Ibarreta had graduated in the 5th Course.***

*El mismo "Rayo" anterior, el registrado 14-36, tuvo después menos suerte que en la ocasión precedente. El 29 de diciembre de 1938 resultó destruido en Almorox, y muertos sus tripulantes.*

***Again* Rayo *14-36. It was not so lucky on 29 December 1938 when it crashed and was completely destroyed at Almorox. The whole crew got killed.***

*Juan Arráez Cerdá.*

Juan Arráez Cerdá.

*Este "Rayo" ha perdido la punta del plano izquierdo, al sufrir el temido "caballito". Habrá de pasar al Parque de Aviación más cercano, para su reparación.*

***This Rayo has lost its port wingtip after a groundloop. She will be ferried to the nearest Maitenance Unit for repairs.***

*El Heinkel He 70 era un avión de bonitas líneas aerodinámicas. Este ejemplar luce el círculo negro con aspa blanca, que suprime las dos bandas negras originales.*

***The Heinkel He 70 was a beautifully streamlined aircraft. This plane wears the black circle with white cross in the wing, superseding the two original black bands.***

Juan Arráez Cerdá.

**Día 8** ***R.A. Levante.- Zaragoza.-***
1/ Reconocimiento por un He 70 del sector de Tardienta-Huesca-Zuera.
2/ Reconocimiento por un He 70 de la zona Alfambra-Perales-Argente-Bueña.

**Día 9** ***R.A. Levante.- Zaragoza.-***
1/ Un reconocimiento por un He 70 en el sector de Huesca, entre Alcubierre hasta el Carrascal de Esquedas, no observándose movimiento rodado ni de personal.
2/ Un reconocimiento por un Rayo en el sector Alfambra-Argente-Bueña. Haciendo fotografías, sin observar gran anormalidad, únicamente ocho camiones de Visiedo a Argente.

***R.A. Sur.- Sevilla.-*** Con un He 70 se efectúa un reconocimiento desde Pozoblanco a D. Benito, observando movimiento en las vías de comunicación que da impresión de actividad en Castuera y Villafranca del Duque.

***LEGIÓN CÓNDOR.-*** Se efectúa un servicio de reconocimiento con He 70 y Do 17, de Mazuco hasta Meré.

**Día 10** ***R.A. Levante.- Zaragoza.-*** Dos servicios de reconocimiento por un He 70 del frente enemigo, el primero de puebla de Albortón a Argente, y el segundo de Zuera al sector N. de Huesca, sin observar nada anormal.

***R.A. Sur.- Sevilla.-*** Un servicio de reconocimiento desde D. Benito hasta Villanueva del Duque, no observando movimiento en Extremadura. En Hinojosa del Duque se observó bastante gente, como una columna que salía del pueblo, así como camiones hacia Villanueva del Duque.

**Día 11** ***R.A. Levante.- Zaragoza.-*** Reconocimiento por un He 70 del frente de Huesca, sin observar nada anormal.

***LEGIÓN CÓNDOR.-*** Accidente casual.- Un He 70 al NE. de Burgos, volando entre las nubes, tuvo avería cayendo a tierra. El piloto se tiró con paracaídas, resultando levemente herido. El mecánico resultó muerto.

**Día 12** ***R.A. Levante.- Frente de Teruel.-*** Se efectuó un reconocimiento por un He 70 de los sectores S., E. y NE. de este frente.

***LEGIÓN CÓNDOR.-*** He-70 (Rayo).-
1/ Reconocen y bombardean el cruce de carreteras al E. de Cangas de Onís.
2/ Reconocen y bombardean Mazuco.

**Día 13** ***R.A. Sur.- Sevilla.-*** Reconocimiento por un He 70 de la zona Andújar-Espeliu-Jaén-Guadix, sin observar nada anormal. Se arrojaron proclamas en las proximidades de Guadix.

***R.A. Levante.- Zaragoza.-*** He 70.-
1/ Reconocimiento de la zona Masegoso-Cifuentes-Canredondo, observando una concentración numerosa de vehículos al NE. de Canredondo.
2/ Reconocimiento de la zona Montalbán-Valle del Alfambra, observando escasa actividad.

***LEGIÓN CÓNDOR.-*** Aviones de reconocimiento.-
1/ Han efectuado un reconocimiento y bombardeo en el sector de Arriondas.
2/ Una Eª bombardeó el valle y carreteras al E. de Mazuco.
3/ Con otra Eª se ha bombardeado el campo enemigo de Colunga.

**Día 14** ***R.A. Levante.- Zaragoza.-*** He 70.-
1/ Un avión reconoce el frente de Huesca, sin observar nada anormal.
2/ Otro avión reconoce el sector de Farlete, observando escasa actividad.

***R.A. Sur.- Sevilla.-*** Un He 70 reconoce la zona Alcalá la Real-Castillo de Locubin y Valdepeñas, sin observar nada anormal.

**Día 15** ***R.A. Levante.- Zaragoza.-*** He 70.-
1/ Efectuó un avión un servicio de reconocimiento sobre la zona Santa Eulalia-valle de Alfambra, observando movimiento algo intenso en la carretera que une estos dos puntos y en distintos puntos de este trayecto, aproximadamente, 60 camiones, seis carros de asalto y dos cañones remolcados.
2/ Efectúa un servicio de reconocimiento en el sector de Cifuentes, observándose únicamente algún coche ligero.

***LEGIÓN CÓNDOR.-*** He 70.- Por dos veces han actuado sobre alturas de Peña Blanca.

**Día 17** ***R.A. Levante.- Zaragoza.-*** He 70.- Efectúan tres reconocimientos:
1/ del frente de Perdiguera-Alcubierre-Carrascal de Huesca.
2/ de la zona Montalbán-valle del Alfambra-Bueña.
3/ del frente Mediana-Quinto, sin observar nada anormal.

***LEGIÓN CÓNDOR.-*** He 70 (Rayo).- Una Eª bombardea las posiciones enemigas de las alturas W. y NW. de Peña Labres.

**Día 18** ***R.A. Sur.- Sevilla.-*** Reconocimiento con una avión He 70 del sector de Peñarroya, observando alguna actividad en la zona de Valsequillo.

***R.A. Levante.- Zaragoza.-*** Un He 70 efectúa un reconocimiento fotográfico del sector de Jaulin.

***LEGIÓN CÓNDOR.-*** He 70.- Efectúan dos servicios de bombardeo sobre las posiciones enemigas próximas a los Callejones y un tercer servicio sobre las posiciones enemigas de Nueva.

**Día 19** ***R.A. Sur.- Sevilla.-*** Un avión He 70 reconoce el frente desde D. Benito a Pozoblanco, sin observar nada anormal.

***R.A. Levante.- Zaragoza.-*** He 70.- Efectúan dos servicios de reconocimiento:
1/ del frente de Zuera a Huesca
2/ del frente enemigo de Argente a Fuendetodos, sin observar nada anormal.
3/ Efectúan un reconocimiento fotográfico del sector de Zuera.

**Día 20** ***R.A. Levante.- Zaragoza.-*** Un He 70 hace un reconocimiento por Fuendetodos-Belchite-Pina-Farlete-Alcubierre hasta Tardienta, observando bastante movimiento rodado entre Belchite y Azaila y algún movimiento anormal entre Pina y El Puente.

***LEGIÓN CÓNDOR.-*** He 70.- Se llevaron a cabo dos servicios de reconocimiento en la carretera de Careña-Robellada, observando fuerzas enemigas en retirada.

**Día 21** ***R.A. Levante.- Zaragoza.-*** Por un He 70 se ha efectuado un servicio de reconocimiento sobre la zona Alfambra-Pancrudo-Montalbán-Herrera de los Navarros, sin observar nada anormal.

***LEGIÓN CÓNDOR.-*** *Reconocimiento.-* Se efectuaron dos servicios de reconocimiento y bombardeo:
1/ en el sector W. de Robellada.
2/ sobre la carretera de Nueva a Cangas.

**Día 22** ***R.A. Levante.- Zaragoza.-*** Un reconocimiento por un avión He 70 en el sector Osera-Alcubierre-Robles-Tardienta-Almudévar-Zuera, sin observar nada anormal.

***LEGIÓN CÓNDOR.-*** *Reconocimiento.-* Se efectuaron dos servicios, bombardeando posiciones enemigas al W. de Robellada y Canales.

**Día 23** ***R.A. Levante.- Zaragoza.-*** Un He 70 hace un servicio de reconocimiento por valle de Alfambra-Argente y Bueña, sin novedad.

***R.A. Sur.- Sevilla.-*** Un He 70 efectúa un reconocimiento por la Granja de Torrehermosa-Peraleda-Higuera-La Haba-D. Benito, sin observar nada anormal.

***LEGIÓN CÓNDOR.-*** He 70.- Efectúan dos servicios de reconocimiento y dos servicios de bombardeo sobre las alturas de Benzúa y cruce de carreteras de Nueva.

**Día 24** ***R.A. Levante.- Zaragoza.-*** Un He 70 efectúa un reconocimiento por el sector de Herrera-Azuara-Puebla de Albortón-Alfajarín-Fuentes de Ebro y Pina, sin observar nada anormal.

***LEGIÓN CÓNDOR.-*** He 70.- Efectuaron dos servicios de bombardeo sobre las fortificaciones enemigas entre Nueva y Benzúa.

**Día 25** ***R.A Levante.- Zaragoza.-***
1/ Un reconocimiento por un He 70 del sector Argente-Perales-Montalbán-Herrera, sin observar nada anormal.
2/ Un avión He 70 efectúa un reconocimiento en la zona Visiedo-Perales-Cañada y Rillo, observando bastante movimiento en la carretera de Perales y Rillo.

*Juan Arráez Cerdá.*

*Esta vista del "Rayo", desde abajo, permite apreciar detalles del tren de aterrizaje retráctil y las dos bandas negras y círculo de igual color, identificativas de la Aviación nacional.*

***This deck level view of a* Rayo *shows details of the retractable undercarriage and the black circle with the two black bands, identification markings of the* Aviación Nacional.**

*El He 70 de la fotografía se encuentra aparcado en un aeródromo permanente. Obsérvese la pista asfaltada y los edificios del fondo.*

***He 70 parked at a permanent air base. Notice tarmac strip and buildings in the background.***

*Juan Arráez Cerdá.*

*Página siguiente, abajo: Emplazado en lugar estratégico de un aeródromo, base del Grupo 7-G-14, un cañón antiaéreo "Oerlikon", de 20 mm., protege al campo de las incursiones de la aviación enemiga. Este magnifico material prestó servicios en ambos bandos contendientes. En el argot de Aviación, tanto al cañón como a sus disparos, se les denominaba con el gráfico y expeditivo nombre de "Pichas de Toro". El avión que vemos detrás es el matriculado 14-33.*

***Next page, bottom. Strategically placed in an airfield, the base of* Grupo *7-G-14, a 20 mm Oerlikon protects the place against enemy raids. This superb ordnance was used by both sides and in* Aviación *slang both the gun and its fire were graphically nicknamed "Bull's prick". The plane in the background is 14-33.***

***LEGIÓN CÓNDOR.***- Reconocimiento.- Se efectuaron dos servicios de bombardeo sobre las alturas situadas al NE. de Ibeo y vertiente SE. de este monte.

**Día 26** ***R.A. Sur.- Sevilla.***- Reconocimiento por un He 70 de la zona Jaén-Martos-Alcaudete, sin observar nada anormal.

***LEGIÓN CÓNDOR.***- He 70.-
1/ Con cinco aviones se ha efectuado un servicio de reconocimiento y bombardeo sobre el macizo de Ibeo.
2/ Con tres aviones se ha reconocido y bombardeado el macizo de Tejedo.

**Día 27** ***R.A. Levante.- Zaragoza.***- Un reconocimiento por un He 70 en el sector de Argente, sin observar nada anormal.

**Día 28** ***R.A. Sur.- Sevilla.***- He 70.- Con un avión se ha efectuado un servicio de reconocimiento del sector de Peñarroya, sin observar nada anormal.

***R.A. Levante.***- Con un He 70 se ha efectuado un reconocimiento en la zona Montalbán-Muniesa-Herrera de los Navarros, sin observar ninguna anormalidad.

***LEGIÓN CÓNDOR.***- He 70.- Se han efectuado dos servicios de bombardeo sobre posiciones enemigas al S. de Onís.

**Día 29** ***R.A. Levante.- Zaragoza.***- Un He 70 reconoce el frente desde Tardienta al N. de Huesca, sin observar nada anormal.

***LEGIÓN CÓNDOR.***- He 70.- Efectuaron dos servicios de bombardeo sobre el tráfico de carreteras en el sector de Ribadesella-Villaviciosa, y Ribadesella-Colunga.

**Día 30** ***R.A. Sur.- Sevilla.***- Un He 70 efectúa un reconocimiento fotográfico del sector Peñarroya, sin observar nada anormal.

***LEGION CÓNDOR.***- Se efectúa un reconocimiento al NW. de la Sierra de Priena

*Recopilado por Rafael A. Permuy López*
*Fuente: AHM.DN.CGG. Aviación*

Juan Arráez Cerdá.

*Otra vez podemos ver, en vuelo sobre un típico paisaje español, al Grupo 7-G-14 al completo.*

***Again, over a typical Spanish landscape, the whole* Grupo *7G-14.***

«Canario» Azaola.

*En esta magnífica instantánea que le hicieron al alférez piloto Miguel Cadenas Charro (del 9º Curso de Alemania), se puede apreciar, con todo detalle, el emblema del Grupo de "Rayos": la golondrina negra en círculo azul.*

***This splendid shot of pilot lieutenant Miguel Cadenas Charro (9th Course in Germany), clearly shows the emblem of the Rayos Group: a black swallow over a blue disc.***

la escuadrilla expedicionaria, esta vez al campo de Alfamén, para trasladarse seguidamente a Calamocha (Teruel).

En la noche del 24 al 25 de julio de 1938 el ejército republicano cruzaba el río Ebro por sorpresa, iniciándose así la mayor y más importante batalla de toda la Guerra Civil española. Aunque las acciones aéreas más importantes fueron realizadas por otros aviones, no por ello los He 70 dejaron de realizar su tarea, dedicada –una vez más– a los servicios de reconocimiento y bombardeo, corriendo esta vez mayores riesgos debido a la presencia de los aviones Polikarpov I-16 tipo 10, pertenecientes a la 4ª Escuadrilla del Grupo 21, dotados con motores americanos Wright "Cyclone" sobrealimentados y con equipo de oxígeno, que podían fácilmente interceptarles desde mayor altura, aunque, felizmente, sus encuentros se saldaron sin pérdida alguna. El 1º de agosto el 7-G-14 se reestructuraba y pasaba a ser dirigido por el comandante Carlos Sartorius Díaz de Mendoza, que abandonando el mando de la escuadrilla 3-E-14

Con anterioridad, el general Queipo había iniciado una ofensiva en Extremadura, en la que participan los "Rayos" del Grupo 7-G-14, con base en Calzadilla (Badajoz), los dos de la Escuadrilla 4-E-14 (Rueda) del Sur y la Escuadrilla 3-E-14 (Sartorius), de la Región Aérea del Centro, que en realidad tenia un solo avión operativo. Durante la primera fase de la ofensiva, en julio de 1938, los "Rayos" efectuaron servicios de bombardeo en el frente los días 19 y 23. Este último día, la artillería antiaérea enemiga logró alcanzar en el tren de aterrizaje a uno de los He 70 actuantes y su observador, creyendo el avión irremisiblemente perdido, se arrojó en paracaídas, aunque el aparato logró tomar tierra felizmente. La escuadrilla del comandante Rueda contaba, además del propio jefe, con los capitanes pilotos Juan Díaz Criado y Antonio García Delgado, además del alférez Pablo Palazuelo de la Peña. También voló en los "Rayos", que eran los matriculados 14-41 y 14-53, el capitán Luis Romero Girón[18], aunque este era el jefe de la escuadrilla Ju 86. (Ver cuadro en la página siguiente)

En agosto se producía el contraataque republicano en el frente extremeño y, de nuevo, volvían los "Rayos" a tener protagonismo en esta región, realizando varios servicios de bombardeo en el frente activo, desde el día 6 de agosto. La 2ª Escuadrilla del capitán Francisco Alonso Pimentel, integrante del Grupo 7G-14, contaba con los aviones 14-33, 14-44 y 14-47, y cuyos pilotos eran el teniente Carlos Sancho Rodríguez, y los alféreces Miguel Sanz Martín, José Rodrí-

18 Romero Girón era capitán de Artillería y prestaba servicios como jefe de la Inspección Técnica de Aviación de las Fábricas del Norte, con cabecera en Bilbao, pero se encontraba de permiso de verano al empezar la contienda. Consiguió pasar a territorio nacional y tomó el mando de la escuadrilla Junkers Ju 86, aunque efectuó varios servicios con los "Rayos", hasta resultar herido el 12 de agosto de 1938.

«Canario» Azaola.

guez Rodríguez y Ricardo Moroder Gómez. Los días 29 de agosto y 2 y 11 de septiembre, los "Rayos"realizaron servicios en las zonas de Cabeza de Buey, Peñalsordo y río Zújar. El 18 de este mes regresaba el Grupo 7-G-14 al frente del Ebro –concretamente al aeródromo de Calamocha–, efectuando desde allí servicios en los sectores de Gandesa y Mora de Ebro. El día 20 los He 70 bombardeaban en el frente de Gandesa y el 24 lo hacían sobre una concentración de tanques enemigos.

Por esta época se incorporaron al grupo los siguientes pilotos: capitán José Mª Paternina Iturriagagoitia[19], los tenientes Adolfo Del Pino Artacho y José Luis Olaso García Ogara y los alféreces Antonio Del Río Amado, Manuel Amado Muñiz, Antonio Pablos Pérez, Luis Gamir Baxeres y Evaristo Alonso Rato.

El 3 de octubre los "Rayos" bombardron baterías enemigas y hasta fin de mes efectuaron frecuentes bombardeos sobre el tráfico de carreteras, en el sector de Gandesa. En noviembre fueron enviados a reparar al Parque de León los aviones 14-33 (teniente Olaso), 14-44 (alférez Moroder) y 14-56 (alférez Del Río), no quedando operativos hasta el mes de diciembre. El He-70 14-45 sufrió un accidente el día 22 de noviembre, sobre Ojos Negros (Teruel), falleciendo todos sus tripulantes, que eran el teniente observador Ignacio Arrate Celaya, el alférez piloto Evaristo Alonso Rato y el cabo mecánico Francisco Álvarez Vázquez. Poco más de un mes después, el 29 de diciembre, cayó otro "Rayo", el 14-36, en Almorox (Toledo), también por accidente, siendo tripulado por los alféreces Eduardo Bermejo García (piloto) y Ramón Usabiaga Usandizaga (observador), así como el cabo Santiago Usun García (mecánico), que resultaron muertos. El 30 de dicho mes, los "Rayos" bombardearon objetivos del sector de Tremp, en Lérida.

A finales del año 1938 y principios de 1939 volvían a activarse los frentes de Extremadura y Andalucía donde, una vez más, intervenían en las operaciones los He 70. Por esta época se constituyó el Grupo Mixto 86-70, al mando del

19 Paternina se encontraba en situación de "retirado extraordinario", con el empleo de teniente de Caballería. Comenzó a prestar servicios con los Romeo Ro-37, en el grupo del comandante Fernández Pérez, y en él permaneció hasta bien entrado el año 1938, en que fue destinado, primeramente a los Ju 52, y después a los Heinkel He 70, como jefe de escuadrilla. Había sido habilitado para capitán en septiembre de 1937.

"Canario" Azaola.

*Ante el "Rayo" 14-47, posan los oficiales Santiago Ibarreta Ortega, a la derecha, y Muntaner. Ambos lucen –aunque no era prenda reglamentaria de uniformidad– la característica boina negra española.*

***Officers Santiago Ibarreta Ortega, on the left, and Muntaner posing in front of Rayo 14-47, the Grupo's CO's plane. Both are wearing a non-regulation but characteristically Spanish black beret, often used by airmen on both sides.***

**Servicios prestados con los Heinkel He 70 "*Rayo*" por el capitán piloto D. Luis Romero Girón, en 1938**

| Fecha | Avión | Misión | Tiempo |
|---|---|---|---|
| 08-6-38 | 14-53 | Vuelo a Delta y reconocimiento frente D. Benito | 2h. 00m. |
| 08-6-38 | 14-53 | Vuelo Delta-Salamanca | 0h. 30m. |
| 08-6-38 | 14-53 | Vuelo Salamanca-León | 0h. 45m. |
| 09-6-38 | 14-53 | Vuelo León-Salamanca | 0h. 50m. |
| 09-6-38 | 14-53 | Vuelo Salamanca-León | 0h. 50m. |
| 09-6-38 | 14-53 | Vuelo León-Salamanca | 0h. 50m. |
| 09-6-38 | 14-53 | Vuelo Salamanca-Sevilla | 1h. 40m. |
| 23-6-38 | 14-53 | Vuelo de prueba | 0h. 52m. |
| 24-6-38 | 14-53 | Vuelo de prueba | 0h. 21m. |
| 25-6-38 | 14-41 | Reconocimiento Hinojosa-Belalcázar-Almorchón-Castuera | 2h. 15m. |
| 30-6-38 | 14-53 | Reconocimiento Hinojosa-Almorchón-Castuera y pueblos del valle. | 2h. 15m. |
| 04-7-38 | 14-53 | Levantamiento fotográfico carretera de Peraleda, Monterrubio, Helechal, Sª Monterrubio, desde Ptº Hurraco al Zújar y fotos de Bequerencia, Castuera, Helechal y Ptº. Los Tiros | 2h. 29m. |
| 07-7-38 | 14-53 | Reconocimiento fotográfico de Sª Castuera, Cabeza de Buey y comunicaciones entre esta Sª hasta el Zújar. | 1h. 55m. |
| 02-8-38 | 14-53 | Vuelo Calzadilla-Sevilla para cambiar motor | 0h. 35m. |
| 10-8-38 | 14-53 | Prueba de motor | 1h. 30m. |
| 10-8-38 | 14-53 | Prueba de motor | 1h. 15m. |
| 11-8-38 | 14-53 | Vuelo Sevilla-Calzadilla | 0h. 30m. |
| 11-8-38 | 14-53 | Vuelo Calzadilla-León | 2h. 05m. |
| 11-8-38 | 14-53 | Vuelo León-Calzadilla | 2h. 00m. |
| 12-8-38 | 14-41 | Reconocimiento comunicaciones Hinojosa-Cabeza de Buey-Belalcázar-Puebla de Alcocer. | 1h. 30m. |

Cuadro 6

**Servicios de los Heinkel He 70 "Rayo" durante el mes de octubre de 1937**

**Día 1** ***LEGIÓN CÓNDOR.***- He 70.- Bombardearon sobre las carreteras de Villaviciosa-Gijón y Villaviciosa-Infiesto, dificultando el tráfico.

**Día 3** ***R.A. Sur.- Sevilla.***- Un He 70 efectúa una exploración por el sector de Peñarroya y Frente de Extremadura, observando en Castuera un tren y bastantes vagones.

**Día 4** ***R.A. Sur.- Sevilla.***- Un He 70 (*Rayo*) efectúa un reconocimiento en el sector de Peñarroya, sin observar nada anormal.

**Día 5** ***LEGIÓN CÓNDOR.***- Cuatro He 70 efectuaron un ataque rasante sobre las alturas al S. de Següenzo.

**Día 6** ***R.A. Sur.- Sevilla.***- Un He 70 efectúa un reconocimiento del sector Hinojosa-La Granjuela-Peraleda, sin observar nada anormal.

***LEGIÓN CÓNDOR.***- He 70.- Bombardean las posiciones enemigas al S.E. de Cangas de Onís en cooperación con la 5ª Brigada.

**Día 7** ***R.A. Sur.- Sevilla.***- He 70.- Un avión reconoce la zona de Peñarroya-Alcalá la Real-Granada, sin observar nada anormal.

***R.A. Levante.- Zaragoza.***- Por un He 70 se ha efectuado un servicio de reconocimiento en la zona de Pina-Quinto-Bujaraloz hasta Huesca, no observando ninguna actividad anormal.

***LEGIÓN CÓNDOR.***- He 70.- Efectúan un primer servicio de bombardeo sobre las pociones enemigas al W. de Ribadesella y un segundo servicio sobre Arriondas y puente próximo.

**Día 8** ***R.A. Levante.- Zaragoza.***- Un He 70 reconoce el sector de Orna-Sabiñánigo-Viesca.

***R.A. Sur.- Sevilla.***- Un He 70 reconoce el sector de Alcalá la Real-Alcaudete-Baeza y el frente enemigo de Peñarroya a la Granja de Torrehermosa, sin observar nada anormal.

***LEGIÓN CÓNDOR.***- He 70.-
1/ Efectuaron dos servicios de bombardeo sobre posiciones enemigas al E. de Soto.
2/ Con estos mismos aviones se efectuó otro servicio de bombardeo sobre posiciones enemigas en las alturas a 4 km. al SE. del monte Coaña.

**Día 9** ***R.A. Sur.- Frente de Córdoba.***- Por un He 70 se ha llevado a cabo un servicio de reconocimiento en la zona Peñarroya-Hinojosa del Duque-Peraleda, sin observar nada anormal.

***LEGIÓN CÓNDOR.***- Reconocimiento. He 70 y Do 17. Con el conjunto de estas escuadrillas se han efectuado tres servicios de bombardeo sobre posiciones enemigas a cinco kilómetros al E. de Arriondas, a cuatro kilómetros al S.E. de Cangas de Onís y sobre las carreteras de Triego a Arriondas.

**Día 10** ***R.A. Levante.- Zaragoza.***- Con un He 70 se ha llevado a cabo un reconocimiento en la zona Huesca-Siétamo-Zuera-Sierra Alcubierre-Osera, observando una concentración de camiones en Grañén y estación de este lugar.

***LEGIÓN CÓNDOR.***- He 70.- Efectuaron tres servicios de bombardeo sobre posiciones enemigas situadas al E. del río Sella y estaciones de f.c. de Infiesto y Lieres.

**Día 11** ***R.A. Levante.- Zaragoza.***- He 70 (*Rayo*).- Con un avión se ha efectuado un reconocimiento en los sectores de Fuendetodos-Montalbán, no observando nada anormal.

**Día 12** ***LEGIÓN CÓNDOR.***- He 70.- Efectuaron un servicio de bombardeo sobre las posiciones enemigas al W. del Sella, entre Ribadesella y Arriondas.

**Día 13** ***R.A Sur.- Frente de Córdoba.***- He 70.- Un avión ha efectuado dos servicios de reconocimiento en la zona Alcaudete-Martos-Iznalloz, observando que el puente que había destruido sobre el río Guadajoz, en el Km. 57 de la carretera Baena-Alcaudete, ha sido reparado.

*Juan Arráez Cerdá.*

*Una vez más podemos admirar el estilizado diseño del emblema de "La golondrina", que lucían en el plano fijo de deriva los "Rayos" españoles.*

***Lieutenant Miguel Entrena Klett posing by the stylish swallow emblem on the fin of one of the Spanish* Rayos.**

*Mayo de 1939. Impecablemente repintando y reluciente, el "Rayo" con matricula 14-48, espera a que "le pasen revista" en el aeródromo de Barajas (Madrid).*

***May 1939. Faultlessly repainted and shinig,* Rayo *14-48 awaits inspection at Barajas airport (Madrid).***

*«Canario» Azaola.*

Juan Arráez Cerdá.

*Ha estallado la Paz. Este He 70E, matriculado 14-44, ya luce la escarapela bicolor bajo los planos...*

***Now it's peace. This He 70E, 14-44, has the two-colour cockade on the wing lower surface...***

*...pero en el fuselaje aun conserva vestigios del recién finalizado conflicto: el círculo negro con el yugo y las flechas en rojo.*

***...but the fuselage still shows remains of the recent conflict: the red Falangista yoke and arrows on the black circle.***

Juan Arráez Cerdá.

**LEGIÓN CÓNDOR.**- He 70.- Efectuaron un servicio de bombardeo sobre fuerzas enemigas a vanguardia de la 1ª y 5ª Brigadas.

**Día 14** ***R.A Levante.- Zaragoza.-*** He 70.- Un avión ha reconocido el sector Mediana-Belchite, observando diez o doce camiones blindados y carros de asalto en las proximidades de Puebla de Albortón.

***LEGIÓN CÓNDOR.***- He 70.-
1/ Han efectuado un servicio de bombardeo sobre la estación del f.c. de Infiesto.
2/ han bombardeado nuevamente la estación del f.c. de Infiesto y proximidades de esta población.

**Día 15** ***R.A. Sur.- Sevilla.-*** He 70.- Un avión, que salió para efectuar un reconocimiento por el frente de Córdoba, se vio precisado a tomar tierra fuera del aeródromo, por avería, sin realizar la misión.

***LEGIÓN CÓNDOR.***- He 70.-
1/ Efectuaron un servicio de bombardeo sobre cruce de carreteras al E. de Colunga y puente de la carretera de San Esteban a seis kilómetros al W. de Ribadesella.
2/ Efectuaron un segundo servicio sobre la carretera de la costa al W. del puente citado en el servicio anterior.

**Día 16** ***R.A. Sur.- Sevilla.-*** He 70.- Un avión efectuó un servicio de reconocimiento fotográfico sobre la Sierra Perú.

***R.A. Levante.- Zaragoza.-*** He 70.- Un avión efectuó un reconocimiento en el sector de Huesca, sin observar ninguna anormalidad.

***LEGIÓN CÓNDOR.***- He 70.- Efectuaron un primer servicio de bombardeo de la carretera de la costa y puente al E. de Colunga, y un segundo servicio en cooperación con la 1ª Brigada.

**Día 17** ***R.A. Levante.- Zaragoza.-*** He 70.- Un avión reconoce el sector Fuentes de Ebro-Mediana, sin observar nada anormal.

***LEGIÓN CÓNDOR.***- He 70.-
1/ Efectuaron un servicio de bombardeo sobre posiciones enemigas a vanguardia de la 1ª Brigada.
2/ Con cinco aviones se ha efectuado un servicio de bombardeo sobre los puentes próximos a Villaviciosa.

**Día 18** ***R.A. Levante.- Zaragoza.-*** He 70.- Un avión reconoce la zona Almudévar-Vicién-Amies-Igries y Carrascal de Esquedas, sin observar nada anormal.

***LEGIÓN CÓNDOR.***- He 70.- Han efectuado dos servicios de bombardeo a vanguardia de la 6ª Brigada.

**Día 19** ***LEGIÓN CÓNDOR.***- He 70.- Efectúan dos servicios de bombardeo a vanguardia de la 5ª Brigada.

**Día 20** ***R.A. Levante.- Zaragoza.-*** He 70.- Un avión ha efectuado un reconocimiento de la zona Sabiñánigo-Yebra-Orna-Villobas, observando en la carretera Orna-Villobas diez vehículos y, próximo a esta carretera, un pequeño campamento (con ocho tiendas y algún camión).

***LEGIÓN CÓNDOR.***- HE 70.-
1/ Efectuaron un servicio de bombardeo sobre posiciones enemigas a tres Km. al W. de Villaviciosa.
2/ Bombardearon fuerzas enemigas a tres Km. al NE. de Villamayor.
3/ Otro servicio de bombardeo sobre posiciones enemigas a un Km. al SW. de Infiesto.

**Día 21** ***R.A. Levante.- Zaragoza.-*** He 70.- Un avión ha reconocido la zona de Yebra-Orna-Villobas, observando dos grupos de treinta camiones, aproximadamente, en los Kms. 7 y 15 de la carretera de Orna a Villobas, y dos campamentos enemigos, próximos a esta carretera, a la altura de los Kms. 7 y 11 de la misma.

**Día 23** ***R.A. Levante.- Zaragoza.-*** He 70.- Un avión llevó a cabo un reconocimiento en el frente, desde Fuentes de Ebro hasta Sabiñánigo, y lanzó prensa y manifiestos sobre las posiciones enemigas.

**Día 24** ***R.A. Levante.- Zaragoza.-***
1/ Un avión He 70 reconoce el sector Herrera de los Navarros-Villanueva de Huerva, sin observar nada anormal.
2/ Un avión efectúa un reconocimiento en la zona Montalbán-Pancrudo-Argente-Corbalán, sin observar ninguna anormalidad.

**Día 31** ***R.A. Levante.- Zaragoza.-*** He 70 (*Rayo*).- Un avión efectúa un reconocimiento en el sector de Orna, lanzando proclamas y propaganda.

*Recopilado por Rafael A. Permuy López*
*Fuente: AHM.DN.CGG. Aviación*

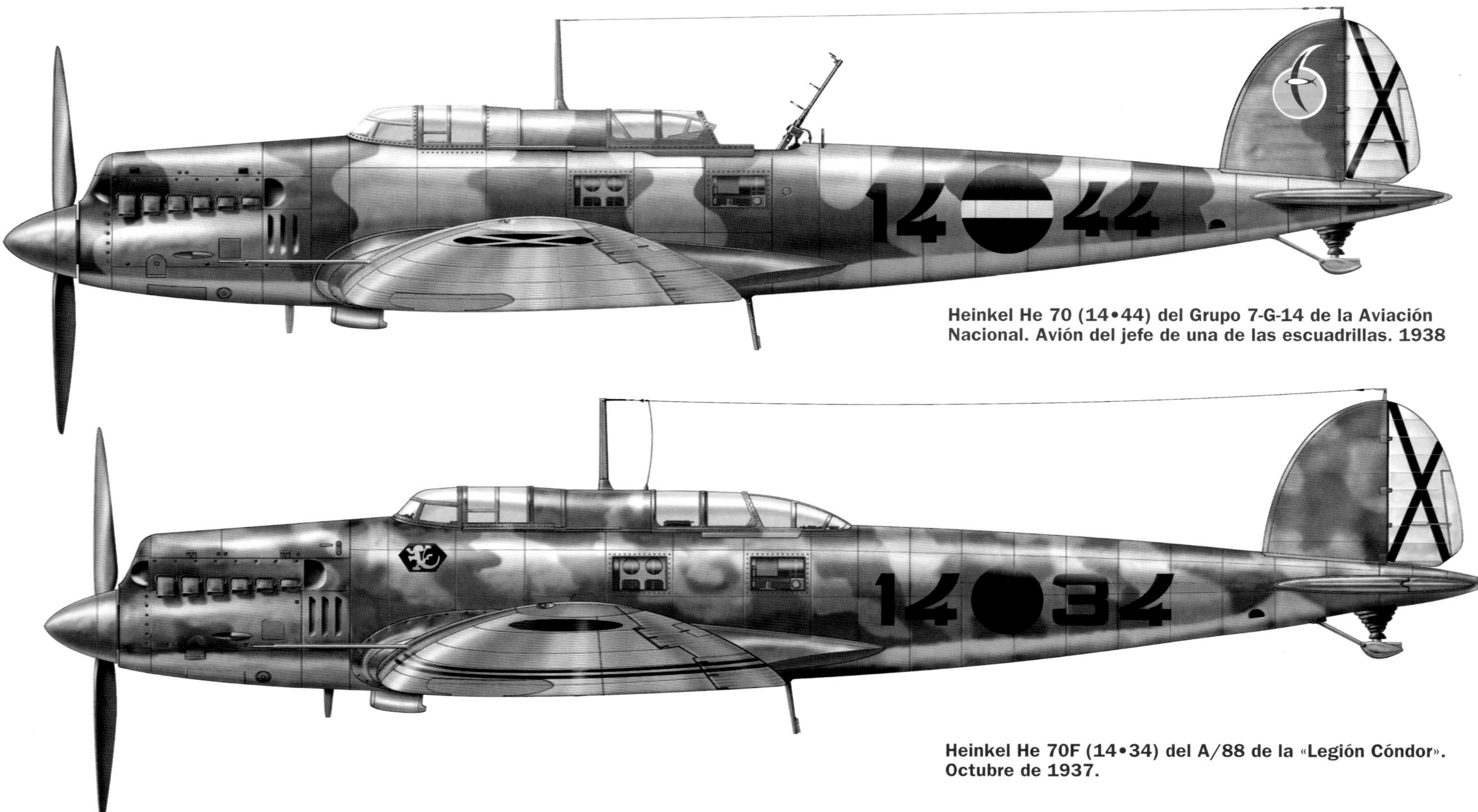


**Heinkel He 70 (14•44) del Grupo 7-G-14 de la Aviación Nacional. Avión del jefe de una de las escuadrillas. 1938**

**Heinkel He 70F (14•34) del A/88 de la «Legión Cóndor». Octubre de 1937.**

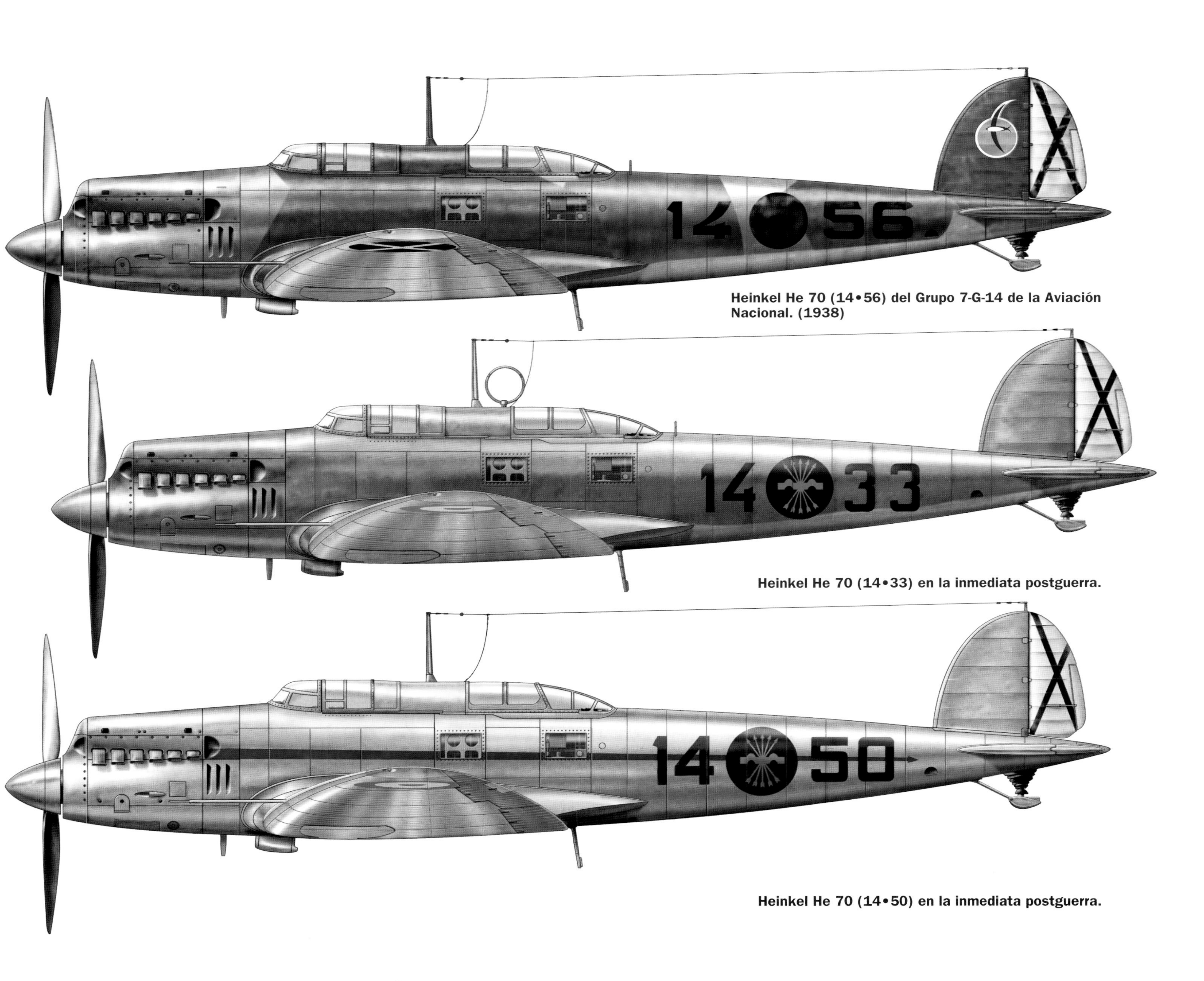


Heinkel He 70 (14•56) del Grupo 7-G-14 de la Aviación Nacional. (1938)

Heinkel He 70 (14•33) en la inmediata postguerra.

Heinkel He 70 (14•50) en la inmediata postguerra.

comandante Fernando Martínez Mejías, formado con la Escuadrilla de "Rayos" del Sur, la 4E-14 –con los aviones 14-41 y 14-53–, los dos Junkers Ju 86 "Jumo", un SB-2 "Katiuska" capturado, y los dos Henschel Hs 123 "Angelito", actuando desde el aeródromo de Posadas (Córdoba).

Mientras, el 7G-14, mandado por el comandante Sartorius, continuó las operaciones sobre Cataluña, con base en Pallaruelo, y con cuatro aviones operativos. Sin embargo hubo de reforzar a sus hermanos sureños, en ocasión de la batalla de Pozoblanco, a principios de 1939, ya con seis aviones en vuelo, que eran los que se acantonaban en el aeródromo de Peñaflor (Sevilla), en el mes de febrero de 1939. (Ver cuadro adjunto)

**Despliegue de los aviones Heinkel He 70 "*Rayo*" el 4 de febrero de 1939**

| Aeródromo | Unidad | Nº de aviones |
|---|---|---|
| | REGIÓN AÉREA DEL NORTE | |
| Buñuel | Legión Cóndor | 1 |
| Tauste | Legión Cóndor | 1 |
| | REGIÓN AÉREA DEL CENTRO | |
| Delta | 3E-14 | 1 |
| | REGIÓN AÉREA DEL SUR | |
| Peñaflor | 7G-14 | 6 |
| Posada | 4E-14 | 2 |
| | Total | 11 |

«Canario» Azaola.

*Preciosa fotografía, que permite admirar al Heinkel He 70E "Rayo", en toda su plenitud. Seguro que acaba de salir de Maestranza...*

***Splendid view of a Heinkel He 70E* Rayo*, in full glory. Surely it has just left the Manteinance Unit...***

Los últimos servicios de guerra los realizan los "Rayos" sobre el sector de Aranjuez, el día 25 de marzo, observando que las tropas republicanas huyen hacia Levante para intentar el escape por los puertos valencianos y alicantinos, pero sólo unos días después, el día 1 de abril, la guerra acaba definitivamente, y los Heinkel He 70 se instalan en el aeródromo de Alcalá de Henares

**En la posguerra**

A poco de finalizar la guerra se disolvieron tanto el Grupo 7-G-14 como las escuadrillas regionales de reconocimiento, y los once Heinkel He 70 supervivientes no formaron ninguna unidad, siendo distribuidos como aviones de enlace entre las recién creadas escuadrillas dependientes de las diferentes regiones aéreas, siendo, en la mayoría de los casos, utilizados como aviones personales por los jefes de dichas regiones aéreas. Unos pocos ejemplares se basaron en la reactivada Base Aérea de Cuatro Vientos, iniciando de este modo lo que luego sería el Servicio Fotográfico y Cartográfico del Ejército del Aire. En la Cartilla de Vuelo del entonces comandante José Vento Pearce, quien ya voló en "Rayo" durante un corto periodo de tiempo en los frentes del Sur, se ha encontrado una larga serie de vuelos con los 14-34, 14-44 y 14-47, entre el 18 de noviembre de 1939 y el 27 de julio de 1940, en su mayoría de misiones fotográficas sobre Madrid y sus inmediaciones. En un documento que se ha podido conseguir, fechado a finales de 1945, se indica que en estas fechas existían cuatro He 70 en reparación en Maestranza, uno en cada una de las Regiones Areas de Levante (Base Aérea de Manises), Pirenaica (B.A. de Sanjurjo-Zaragoza), dos en la R.A. Atlántica (B.A. de Villanubla-Valladolid), uno en la Zona Aérea de Marruecos (B.A. de Sania Ramel-Tetuán) y el último en la Academia de Aviación de León (B.A. Virgen del Camino).

«Canario» Azaola.

*El avión matriculado R.2-44, 104-1, ha sido asignado a la Escuadrilla del Estado Mayor de la 4ª Región Aérea (Pirenaica).*

***He 70F R.2-44, 104-1, has been assigned to Headquarters Flight of the 4ª* Región Aérea *(Pirenaica).***

Hay constancia documental –y en algunos casos fotográfica–, de los once "Rayos" supervivientes, matriculados 14-33, 14-34, 14-40, 14-41, 14-44, 14-47, 14-48, 14-50, 14-53, 14-55 y 14-56[20]. En la nueva nomenclatura del Ejército del Aire se designó a los Heinkel He 70 como R-2. Con respecto a las bajas, hemos de señalar que el día 11 de julio de 1939 se estrelló en el aeropuerto de Barajas el "Rayo" 14-47, tripulado por el comandante Antonio López de Haro, el teniente Luis Saro Díaz Ordoñez y el cabo José López Vispo, que fallecieron. Un nuevo He 70, el matriculado 14-55, sufrió un accidente el 18 de octubre de 1944, en Tamajón (Guadalajara), con resultado de muerte del sargento mecánico Eduardo Santa Cruz Sánchez. El avión R.2-34 resultó accidentado en Guitiriz (Lugo), el 7 de agosto de 1946, aunque sin bajas mortales, pasando a Maes-

«Canario» Azaola.

*Todavía no hemos llegado a 1945. El "Rayo" con la designación 14-33 sigue ostentando escarapelas híbridas.*

***It's not yet 1945.* Rayo *14-33 still wearing hybrid cockades over the so called "hut" grey for the top surfaces and light blue for the lower surfaces.***

20 Agradecemos la colaboración prestada por nuestro buen amigo José Luis González Serrano, magnifico historiador de la Aviación Militar española, que ha corroborado y facilitado nuevos datos sobre las matrículas de los "Rayos" de posguerra, e, incluso, de los aviones del 7-G-14 accidentados en el periodo bélico.

*Arriba, izquierda: Aeródromo de Sondica (Bilbao). Estamos en julio de 1947. El Heinkel He 70, con matrícula R.2-50, 105-2, de la Escuadrilla de Estado Mayor de la 5ª Región Aérea (Atlántico). ¡Hemos vuelto a los orígenes! ¡El "Rayo" vuelve a lucir el rayo en su fuselaje!*

***Top left. Sondica (Bilbao) airfield, July 1947. Heinkel He 70E R.2-50, 105-2, Headquarters Flight of the* 5ª Región Aérea (Atlántico). *And back to the start, the Blitz,* Rayo, *the lightning again on the fuselage!***

*Arriba derecha: Otra vez vemos al avión R.2-44, con número de fuselaje 104-1. Bajo la cabina lleva el emblema que lo identifica como el avión personal del general de división D. José María Castro Garnica, jefe de la 4ª Región Aérea (Pirenaica). Corría el año 1946.*

***Top right. Again R.2-44, 104-1. Under the windscreen and* Ejército del Aire *emblem, two four-tip stars. Personal plane of general, deputy Regional HQ's CO.***

*Abajo: El Heinkel He 70 matriculado R.2-48, tras pasar por Maestranza, fue repintado y asignado al Grupo 91 de Estado Mayor. Conserva bajo la cabina el emblema del E.A. y las tres estrellas de cuatro puntas de teniente general*

***Bottom.* Rayo *R.2-48, 101-9, just after overhaul and back to its unit, Headquarters Flight of the* Región Aérea Central. *Previuosly, this plane had worn the code 101-1. Notice three fourt-tip stars. This time the deputy CO is a liutenant general.***

tranza. Otro tanto sucedió con el R.2-40, que se estrelló en Tornadizo (Avila), el día 18 de noviembre de 1946, pereciendo en esta ocasión sus tripulantes, capitán Rafael Jiménez Garrido y los cabos Juan Párraga García y Antonio Díez Fernández.

Sus muchas horas de vuelo y la falta casi absoluta de repuestos motivaron que los "Rayos" fuesen, poco a poco, causando baja en el servicio; así vemos que en el año 1946 hay seis en servicio y tres en Maestranza. En 1947 son ocho en vuelo y al año siguiente, uno en Maestranza y siete en vuelo. En 1949 el de Maestranza causa baja definitiva y en 1950 son dos en Maestranza y cuatro en vuelo. Al siguiente año hay cuatro aviones en Maestranza y solamente dos en vuelo y, en 1952, queda uno en Maestranza y cuatro en vuelo. Un año después está en Maestranza un aparato y dos en condiciones de volar y, en 1954, hay dos en Maestranza y en vuelo sólo uno. El avión R.2-48, con número de fuselaje 101-1.era el avión personal del teniente general, jefe de la 1ª Región Aérea (Central). En 1956, concretamente el día 7 de septiembre, causó baja definitiva el último He 70 en las filas del Ejército del Aire. Se trataba del avión R.2-44, perteneciente a la 104 Escuadrilla de la Región Aérea Pirenaica. El avión que hemos citado en último lugar fue convertido, de forma inmisericorde, en chatarra, al igual que el resto de sus hermanos. Una lástima, ya que hoy sería pieza única en nuestro Museo del Aire.

**Arriba: Heinkel He 70 (R.2-50) de la Escuadrilla Regional de la 5ª Región Aérea. 1947.**

**Centro: Heinkel He 70 (R.2-48) del Grupo 91 de Estado Mayor. Avión personal del Teniente General Jefe de la 1ª Región Aérea.**

**Abajo: Heinkel He 70 (R.2-48) perteneciente a la Escuadrilla Regional de la 1ª Región Aérea (Getafe, Madrid). Avión personal del Teniente General Jefe de la Región Aérea. 1946**

*Derecha: Heinkel He 170A V1, si hacemos caso al fabricante, o He 70K A-01, si nos guiamos por la denominación húngara; este fue el primero de los 18 aparatos encargados por Hungría, que recibió la matrícula D-OEHW.*

***Right: Heinkel He 170A V1, according to the builders, or He 70K A-01, according to the Hungarians, the first of the 18 aircraft ordered by Hungary, registered D-OEHW.***

*Abajo: Fotografía de preguerra en la que se ve al He 70K, matriculado F.406, mostrando, bajo las alas y en la cola, los emblemas de identificación húngaros. Cada uno de los aviones portaba un esquema de camuflaje diferente.*

***Left: Prewar photograph of He 70K F.406 showing the position of the Hungarian chevron identification markings under the wing and on the tail. Each aircraft sported a different camouflage scheme.***

**EL HEINKEL HE-70K EN HUNGRÍA**

Los responsables de la aviación militar hungara se dieron cuenta muy pronto que el He-70 podía ser el avión que estaban necesitando para el reconocimiento a larga distancia, dada la inutilidad para ello de los anticuados Fokker C-VE y VM 16 "Budapest"en servicio, siendo este último un desarrollo autóctono del primero.

En 1935 ingenieros y militares hungaros visitaron las fábricas Heinkel y manifestaron no solo su interés por el He-70 si no también sus deseos de que se pudiese montar el motor francés *Gnome y Rhone 14K*, que fabricaban bajo licencia en las fábricas Weiss Manfred de Budapest. Heinkel aceptó el reto e hizo instalar dicho motor en un fuselaje de He 70F.3. El avión fue designado He 70V.1 y se matriculó D-OASA, pero hubo algunos problemas en su montaje y hubo que alargar su parte delantera. Esta modificación se realizó en el avión He-170A-O matrículado D-OHEW. En realidad este avión era idéntico al He-70F.3 y solo difería su motor y su armamento; consistente éste en una ametralladora *Gebauer* 34M de 8 mm. Finalmente Hungría pasó un pedido por un total de 18 Heinkel He 170A cuya denominación cambió a He 70K, además de 36 He 46 de reconocimiento próximo. Por su parte Weiss Manfred recibió un pedido por 54 motores *Gnome y Rhone* "Mistral Major K-14".

La construcción de los motores se desarrollaba tan lentamente que los primeros He-70K fueron equipados con

*Lászlo Javor, vía Ruy Aballe*

*Juan Arráez Cerdá.*

motores adquiridos en Francia a través de intermediarios italianos. El primer ejemplar realizó su primer vuelo al inicio de 1937 y los 18 ejemplares se entregaron entre Setiembre de 1937 y Febrero de 1938.

En 1938 se creaba el 1º Grupo de Reconocimiento de Largo Radio de Acción bajo el mando del Mayor Edgar Keksz, con dos Escuadrillas de 9 aviones cada una. La primera fue bautizada "Daru" y quedó al mando del Capitán Lazlo Bibithy-Horvath y la segunda se denominó "Golya" quedando a las órdenes del Capitán Pal Szabados.

En el 1º Grupo operó también una tercera Escuadrilla dedicada a vuelos fotográficos por cuenta de los Servicios Secretos,cuyo mando lo ostentaba el Capitán Adorjan Mersich, contando con un par de Junkers Ju 86K. Los He-70K llegaron de Alemania pintados en un color gris claro y con las matrículas HA-HTA a HA-HTS. A su llegada fueron camuflados sin un esquema preciso y utilizando pinturas de origen italiano, por lo que no hubo dos aviones iguales.

El 23 de Agosto de 1938 Hungría firmó en Bled un tratado con la "Pequeña Entente" que le permitía el reequipamiento y la modernización de sus Fuerzas Armadas. A partir de este momento sus aviones recibirán los colores nacionales en forma de banderines triangulares, que serán pintados en la parte superior e inferior de los planos así como en las derivas. Los He-70K recibieron en el fuselaje las matrículas militares asignadas, que iban desde la F401 a la F418. La letra F es la inicial de la palabra húngara *Felderitö*, que significa Reconocimiento.

El He-70K dió a conocer muy pronto su principal defecto, la falta de visibilidad en las tomas y los despegues a causa de

George Punka.

su voluminoso motor en estrella, que incluso en vuelo, hacía que el campo de visión del piloto fuese muy reducido. El primer accidente ocurrió el 16 de Marzo de 1938 cuando el F409 se estrelló en el despegue incendiandose a continuación y falleciendo los tres miembros de la tripulación.

Durante la Crisis de Munich, los He-70K sobrevolaron el territorio de Checoslovaquia con el fín de observar los movimientos de su ejército y a finales de 1938 el 1º Grupo fue trasferido al aérodromo de Kecskemet. En este período, causó baja por accidente el Heinkel He 70K matriculado F414. Cuando este avión intentaba un aterrizaje forzoso a causa del mal tiempo, y debido a un fallo de velocidad, entró en pérdida estrellándose contra el suelo e incendiándose a continuación, sin dar tiempo a su tripulación de evacuarlo. En este momento nacía el apelativo de "Ataúd Volante" con el que fue conocido en la Fuerza Aérea Húngara.

George Punka.

Después de la desmembración de Checoslovaquia en 1939, la parte poblada por hungaros de Ukrania fue ocupada por Hungría, cuya reclamación de esta zona como parte de su territorio, había "in crescendo" desde la firma del Tratado de Trianón.

El 23 de Marzo de 1939 el Ejército Hungaro cruzó la frontera al Este del nuevo estado de Eslovaquia y el 1º Grupo de Reconocimiento inició sus vuelos de reconocimiento, destacando el realizado sobre el aérodromo de Iglo (Spisska Nova Ves) después del bombardeo a que fué sometido por sus Junkers Ju-86K. Muy pronto, la paz con Eslovaquia, propiciada por el III Reich puso fin al conflicto y permitió a Hungría recuperar parte de sus territorios perdidos en 1919.

El año 1939 terminaba con la perdida del aparato F413, que se estrelló el 6 de noviembre a causa del mal tiempo.

### La guerra se aproxima

En el verano de 1940 las relaciones entre Hungría y Rumania se agravaron. La razón no era más que una nueva reinvindicación territorial concerniente a Transilvania, igualmente perdida en 1919. El 1º Grupo realizó numerosas misiones fotográficas sobre este territorio, utilizando para ello sus He 70K y sus Ju 86K. Durante un servicio, el He-70K pilotado por el Teniente Pal Odry, llevando como observador al Teniente Lazl Hegedus y como ametrallador al cabo Karoly Meszaros, fue interceptado por un He-111 rumano sobre la región de Kolosvar-Brasov. Una vez más, el III Reich actuará de árbitro en el conflicto y obligará a Rumania a ceder a Hungría la parte norte de Transilvania.

A comienzos de Noviembre de 1940 el 1º Grupo tomó como base el aeródromo de Budaörs, en las inmediaciones de Budapest, pero las bajas temperaturas impidieron toda clase de vuelos, considerandose a los He-70K inutilizables. Aún así, el 14 de Noviembre se produjo un nuevo accidente mortal cuando al F405 se le paró el motor en medio de una masa nubosa. Su tripulación consiguió lanzarse en paracaidas pero el ametrallador llegó a tierra muerto.Se había golpeado con la deriva del propio avión, falleciendo en el acto.

### Los Balcanes

Cuando la *Wehrmacht* atacó Yugoslavia en abril de 1941, una parte de las fuerzas alemanas estaba estacio-

Lászlo Javor, vía Ruy Aballe

*Arriba izquierda: Heinkel 70K matriculado F.405. Luce un camuflaje poco habitual a base de verde oscuro marrón oscuro y gris.*

***Top left: He 70K serial F.405 with unusual, three-colour, dark green/dark Brown/stone grey, striped camouflage.***

*Arriba derecha: Mientras este He 70K recibe combustible, el personal de tierra posa para el fotógrafo.*

***Top right: While refuelling the starboard 210-litre tank of an unidentified He 70 K, these fitters pose for a snapshot.***

*Abajo izquierda: Un Heinkel 70K no identificado, poco después de llegar de Alemania.*

***Bottom left: Unidentified He 70 K shortly after arrival from Germany.***

*Abajo derecha: Bajo la cabina, vemos el emblema del Escuadrón 1/2 Golya, una cigueña de trazos muy simples.*

***Bottom right: The simplified stork badge under the windscreen of a 1/2 Golya (Stork) squadron He 70K.***

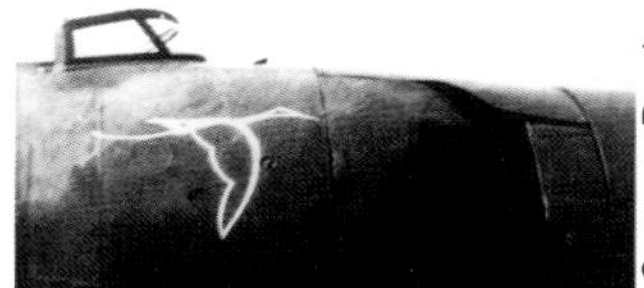

George Punka.

*Arriba izquierda: El cheurón Húngaro decoraba también la parte superior de las alas.*

***Top left: The Hungarian chevron was also worn on the wing upper surface.***

*Arriba derecha: Un He 70 no identificado, perteneciente al Escuadrón de Reconocimiento Lejano 1/2 Golya, después de un aterrizaje de emergencia cerca de Duna Földavar, durante las operaciones en la campaña yugoeslava, el 12 de abril de 1941.*

***Top right: Unidentified He 70 K of the 1/2 Golya Long Range Reconaissance squadron after an emergency landing near Duna Földavar during the Yugoslavian campaign, on 12 April 1941. Notice white or yellow tail and cowling.***

*Lászlo Javor, vía Ruy Aballe*

nada en Hungría y por ello, la aviación yugoslava bombardeó objetivos hungaros, lo que ocasionó la entrada de este país en el conflicto. El 11 de abril el 1º Grupo realizó su primera misión sobre Bacska, territorio también reinvindicado. Practicamente todos los vuelos fueron realizados a baja cota dado el pésimo tiempo reinante. Durante esta campaña los aviones recibieron una pintura amarilla sobre el capot y la cola, idéntica a la de los aviones de la *Luftwaffe*.

### La guerra con la Unión Soviética

El 26 de Junio de 1941 tres bimotores desconocidos bombardearon el pueblo de Kassa causando víctimas. En la investigación del suceso se encontró una boma sin explotar y se comprobó que era de fabricación soviética, por lo que el gobierno húngaro considerando que se trataba de un "casus belli" declaró la guerra a la Unión Soviética.

Como consecuencia de ello los He-70K fueron puestos de nuevo en alerta, aunque ya, únicamente, constituían una Escuadrilla, dado que cinco se habían perdido y dos habían sido afectados a la Escuela de Reconocimiento.

Su primera misión la realizaron despegando de Budaörs, haciendo escala para repostar en Ungvar, desde donde reconocieron el territorio de Sambor-Gorodk-Chortkov-Dunajevci-Kamenec y Podolsk. Al regreso, un He-70K se perdió como consecuencia de un aterrizaje forzoso al haber agotado su combustible. La tripulación resultó ligeramente herida.

El 1 de Julio de 1941 el He 70K matriculado F401 observó la retirada de las tropas soviéticas en el sector de

*Lászlo Javor, vía Ruy Aballe*

*George Punka.*

*Lászlo Javor, vía Ruy Aballe*

*Centro y abajo: En estas dos fotografías se aprecia muy bien la cigüeña, primer emblema de la unidad. La banda oblicua que cruza por detrás, de derecha a izquierda, llevaba los colores nacionales húngaros. El emblema iba situado detrás de la primera ventana del ametrallador.*

***Center and bottom: The early "Stork" unit badge on the side of a He 70K, behind the gunner's window.***

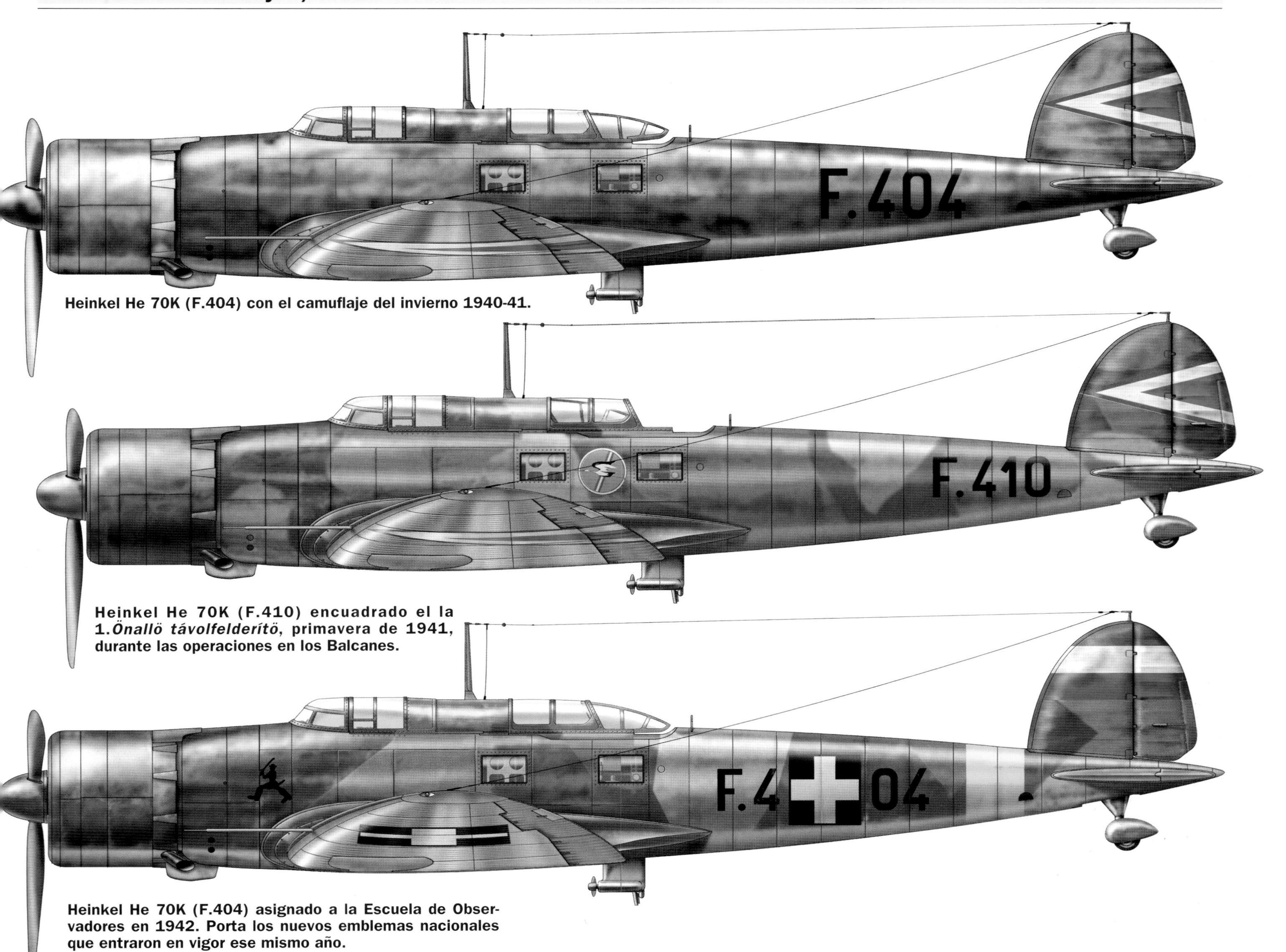


Heinkel He 70K (F.404) con el camuflaje del invierno 1940-41.

Heinkel He 70K (F.410) encuadrado el la 1.*Önallö távolfelderítö*, primavera de 1941, durante las operaciones en los Balcanes.

Heinkel He 70K (F.404) asignado a la Escuela de Observadores en 1942. Porta los nuevos emblemas nacionales que entraron en vigor ese mismo año.

*Arriba: H. Un He 70K perteneciente al Escuadrón de las "Botas de Siete Leguas", es inspeccionado por topas de montaña húngaras. Después de quedarse sin combustible, realizó un aterrizaje de emergencia durante la campaña de Rusia.*

***Bottom: An unidentified He 70K of the Heltmerfoldes Czisma, the "Seven-League Boots" squadron, being inspected by Hungarian mountain troops. It broke its back on an emergency landing after running out of fuel on the Russian campaign.***

*Abajo: Un grupo de aviadores y personal de tierra se fotografían sobre un He 70K.*

***Bottom: A group of hungarian airmen and ground crew posing by a He 70K.***

Sztanuiszlav y procedió a atacar a baja altitud, con su única ametralladora, a la columna de camiones en retirada, logrando destruir algunos de ellos. Días más tarde, este mismo avión, con una tripulación constituida por el Sargento Marton Varhalmi como piloto, el teniente Dandor Fülöp como observador y el cabo Ferencc Rusznayak como ametrallador, fué interceptado y abatido por tres cazas rusos. El F407 también se había perdido en operaciones por lo que, en estas fechas y después de estos sucesos se tomó la decisión de retirar de primera línea a los supervivientes, siendo sustituidos por los He-111 y Do-215 entregados por los alemanes.

El nuevo destino de los He 70K fueron las Escuelas, al tiempo que se utilizaban como remolques de blancos. En 1942 la Escuela de Operadores de Radio tenía tres aviones de este modelo en sus filas, de los que uno se perdió a finales de año como consecuencia de un fallo de motor.

El 4 de Diciembre de 1944 los últimos supervivientes fueron destruidos en el aeródromo de Tapolca por los North American P-51 "Mustang" que lo atacaron en vuelo rasante.

*Kovács vía George Punka.*

21 Al regresar a Alemania penetró en espacio aéreo rumano y fue obligado a aterrizar por cazas de ese país en Bucarest. La embajada alemana se excusó diciendo que el avión se dirigía a Etiopía y el aparato y su tripulación fueron liberados.

22 Según Péter Mujzer en AVIONS nº 12 el V1 sería el D-OASA y el V2 el D-OHEW, pero todas las demás fuentes consultadas afirman lo contrario.

23 Péter Mujzer en el artículo citado menciona a esta casa como Weiss Manfred, en contra de lo que hacen todos lo autores restantes.

24 He 170 A era la designación de la propia Heinkel. Los húngaros lo denominaban He 70.

*Lászlo Javor, vía Ruy Aballe*

*Lászlo Javor, vía Ruy Aballe*

*Arriba: Relajado ambiente en un embarrado aeródromo húngaro, probablemente, durante el período de conflicto con Rumanía. Prueba de motor de un He 70K.*

***Above: A relaxed sight in a mudded hungarian airfield, probably, during short confrontation with Romania. Engine check of a He 70K***

## Anexo I

### Unidades de la *Luftwaffe* equipadas con He 70:

Unidades de primera línea

| Unidad | Código |
|---|---|
| Aufkl.Gr.(F) 22 | 4N, K7 |
| Aufkl.Gr.(F) 24 | |
| Aufkl.Gr.(F) 121 | 7A, 8H |
| Aufkl.Gr.(F) 122 | F6, P1, R3, 4U, 5M |
| Aufkl.Gr.(F) 123 | 4U, F6, 5M, 7ª |
| Aufkl.Gr.(F) 124 | G2 |
| Aufkl.Gr. 125 (See) | 7R |
| Aufkl.Gr.(F) 224 | |
| Aufkl.Staffel 88 | |
| JG 2 "Richthofen" | |
| JG 77 "Herz As" | |
| LG Greifswald | |
| Luftdienst-Kdo 6 | |
| Luftdienst-Kdo 7 | |
| Luftdienst-Kdo 11 | |
| Luftdienst-Kdo 13 | |
| Luftdienst-Kdo 27 | |
| Luftdienst-Kdo 62 | |
| Luftdienst-Kdo 65 | D1 |
| Luftdienst-Kdo 67 | |
| Luftdienst-Kdo/Norwegen | |

Unidades de escuela y entrenamiento.

| Unidad | Unidad |
|---|---|
| FFS (A) 1 | FFS (A/B) 111 |
| FFS.(A) 4 | FFS (A/B) 113 |
| FFS (A) 23 | FFS (A/B) 114 |
| FFS.(A) 114 | FFS (A/B) 116 |
| FFS (A) 116 | FFS (A/B) 117 |
| FFS.(A/B) 1 | FFS (A/B) 121 |
| FFS (A/B) 4 | FFS (A/B) 124 |
| FFS (A/B) 12 | FFS (A/B) 126 |
| FFS (A/B) 23 | FFS (B) 4 |
| FFS (A/B) 41 | FFS (C) 13 |
| FFS (A/B) 61 | LKS 1 |
| FFS (A/B) 62 | LKS 3 |
| FFS (A/B) 63 | |

| Unidad | Unidad |
|---|---|
| Sch./Fl.Ausb.Rgt. 12 | Sch./Fl.Ausb.Rgt 41 |
| Sch./Fl.Ausb. Rgt 62 | Sch./Fl.Ausb.Rgt 63 |
| Überprüf.Schule | |

---

**Aufkl.Gr.(F)**: Fernaufklärungsgruppe (Grupo de reconocimiento estratégico).
**Aufkl.Gr. (See)**: Aufklärungsgruppe (See) (Grupo de reconocimiento marítimo).
**JG**: Jagdgeschwader (Ala de caza) –los He 70 se emplearon en misiones den enlace en las *Stab*–.
**LG**: Lehrgeschwader (Unidad de entrenamiento operativo).
**Luftdienst-Kdo.**: Luftdienst-Kommando (Mando Aéreo).
**FFS (A)**: Flugzeugführerschule (A) (Escuela de vuelo elemental)
**FFS (A/B)**: Flugzeugführerschule (A/B) (Escuela mixta elemental-superior de aparatos monomotores).
**FFS (B)**: Flugzeugführerschule (B) (Escuela superior).
**LKS**: Luftkriegsschule (Escuela de guerra aérea).
**Sch./Fl.Ausb.Rgt.**: Schule/Fliegerausbildungs-Regiment (Escuela/Regimiento de entrenamiento aéreo).
**Überprüf.Schule**: Überprüfungstelle Schule. Escuela de exámenes y certificaciones.

*Tratándose de un avión monomotor con un único piloto, el tablero de instrumentos del Heinkel He 70 suponía, quizás, una carga excesiva de trabajo para él.*

***For a single-engined aircraft, the Heinkel He 70 instrument panel perhaps represented an overload of work for the single pilot.***

*«Canario» Azaola.*

## Características

**Planta motriz:**
Un motor BMW VI 7.3Z de 12 cilindros en V de 750 CV.

**Tripulación:**
Piloto, radio-operador y observador-ametrallador.

**Dimensiones:**

| | |
|---|---|
| Envergadura: | 14,80 m. |
| Longitud: | 11,70 m. |
| Altura: | 3,1 m. |
| Superficie alar: | 36,50 m² |

**Pesos:**

| | |
|---|---|
| Vacío: | 2.300 kg. |
| Máximo: | 3.420 kg. |
| Carga alar: | kg/m.² |

**Prestaciones:**

| | |
|---|---|
| Velocidad máxima a 0 m.: | 360 km/h. |
| Velocidad máxima a 1.000 m.: | 355 km/h. |
| Velocidad máxima a 2.000 m.: | 345 km/h. |
| Velocidad de crucero: | 335 km/h. |
| Velocidad mínima (aterizaje): | 105 km/h. |
| Velocidad ascensional: | 5,2 m/seg. |
| Tiempo de subida a 1.000 m.: | 2,5 min. |
| Tiempo de subida a 2.000 m.: | 5,5 min. |
| Techo: | 5.250 m. |
| Radio de acción a 0 m: | 800 km. |
| Radio de acción a 1000 m | 890 km. |
| Radio de acción a 2000 m: | 1.000 km. |

**Armamento:**
Una ametralladora dorsal móvil, MG-15 de 7,92 mm., operada por el observador desde el puesto posterior, con una dotación de once cargadores con 75 cartuchos. Capacidad para transportar en el interior, seis bombas de 50 kg ó 24 bombas de 10 kg.

**Países en servicio:**
Alemania, España, Hungría.

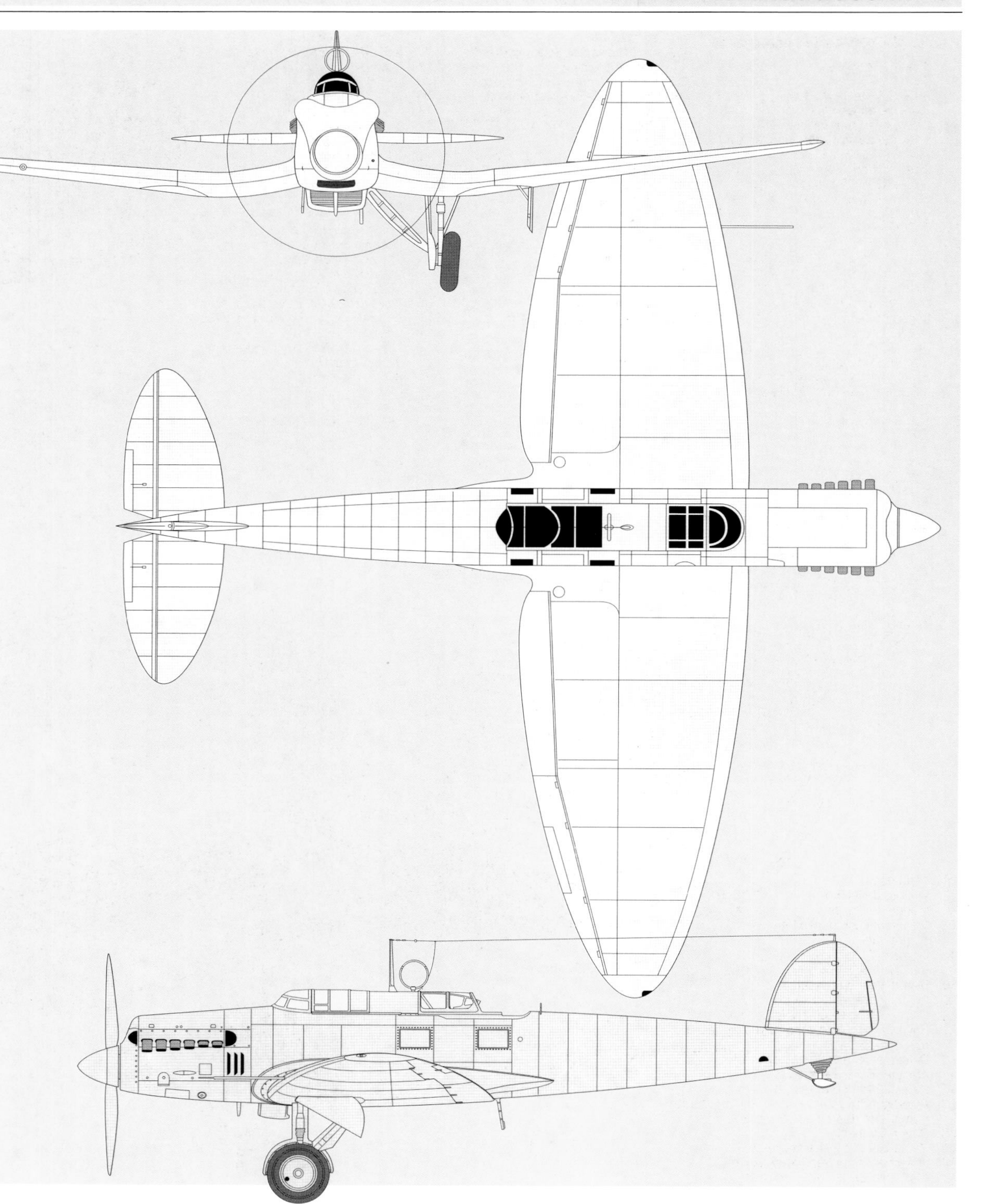

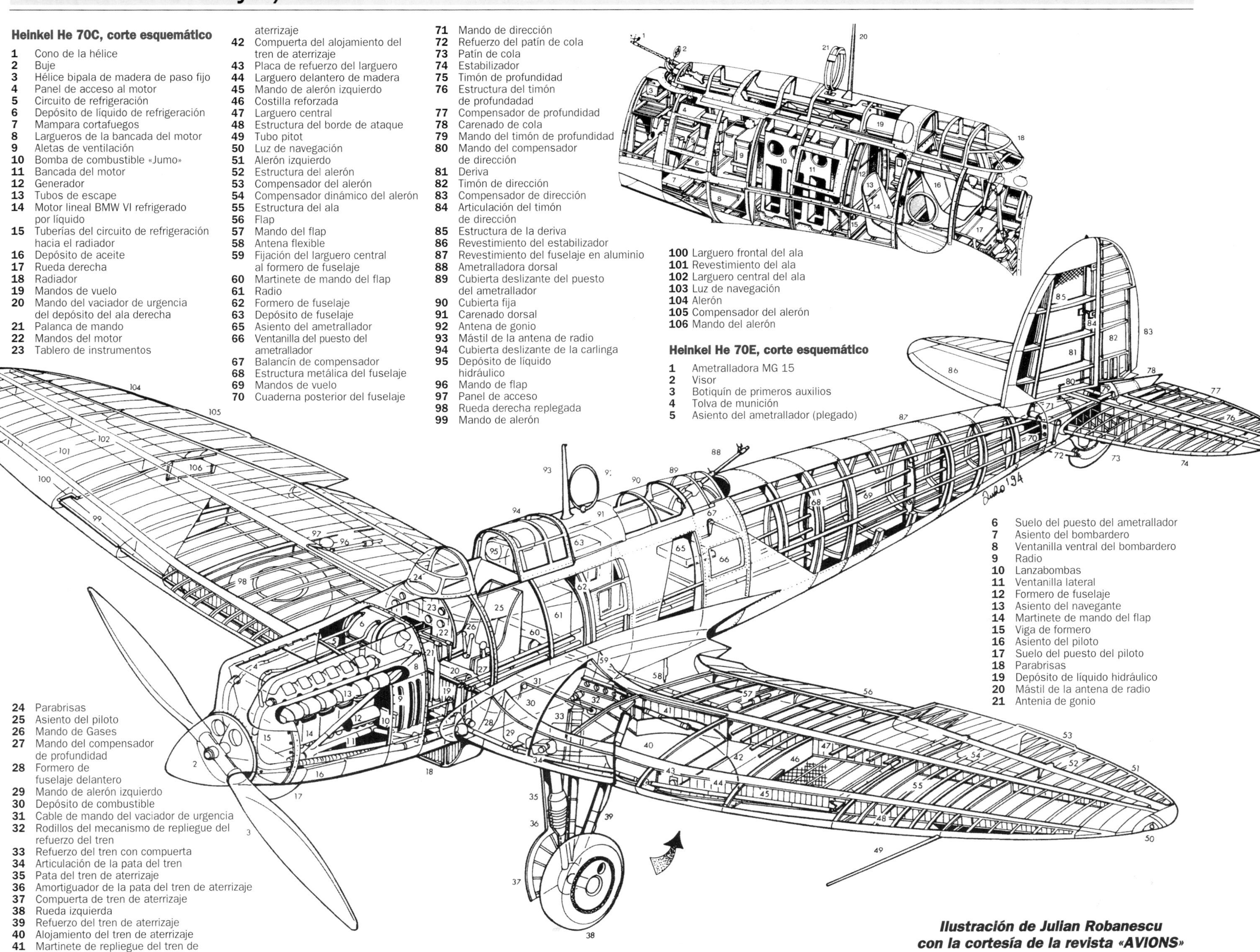

**Heinkel He 70C, corte esquemático**

**1** Cono de la hélice
**2** Buje
**3** Hélice bipala de madera de paso fijo
**4** Panel de acceso al motor
**5** Circuito de refrigeración
**6** Depósito de líquido de refrigeración
**7** Mampara cortafuegos
**8** Largueros de la bancada del motor
**9** Aletas de ventilación
**10** Bomba de combustible «Jumo»
**11** Bancada del motor
**12** Generador
**13** Tubos de escape
**14** Motor lineal BMW VI refrigerado por líquido
**15** Tuberías del circuito de refrigeración hacia el radiador
**16** Depósito de aceite
**17** Rueda derecha
**18** Radiador
**19** Mandos de vuelo
**20** Mando del vaciador de urgencia del depósito del ala derecha
**21** Palanca de mando
**22** Mandos del motor
**23** Tablero de instrumentos
**24** Parabrisas
**25** Asiento del piloto
**26** Mando de Gases
**27** Mando del compensador de profundidad
**28** Formero de fuselaje delantero
**29** Mando de alerón izquierdo
**30** Depósito de combustible
**31** Cable de mando del vaciador de urgencia
**32** Rodillos del mecanismo de repliegue del refuerzo del tren
**33** Refuerzo del tren con compuerta
**34** Articulación de la pata del tren
**35** Pata del tren de aterrizaje
**36** Amortiguador de la pata del tren de aterrizaje
**37** Compuerta de tren de aterrizaje
**38** Rueda izquierda
**39** Refuerzo del tren de aterrizaje
**40** Alojamiento del tren de aterrizaje
**41** Martinete de repliegue del tren de aterrizaje
**42** Compuerta del alojamiento del tren de aterrizaje
**43** Placa de refuerzo del larguero
**44** Larguero delantero de madera
**45** Mando de alerón izquierdo
**46** Costilla reforzada
**47** Larguero central
**48** Estructura del borde de ataque
**49** Tubo pitot
**50** Luz de navegación
**51** Alerón izquierdo
**52** Estructura del alerón
**53** Compensador del alerón
**54** Compensador dinámico del alerón
**55** Estructura del ala
**56** Flap
**57** Mando del flap
**58** Antena flexible
**59** Fijación del larguero central al formero de fuselaje
**60** Martinete de mando del flap
**61** Radio
**62** Formero de fuselaje
**63** Depósito de fuselaje
**65** Asiento del ametrallador
**66** Ventanilla del puesto del ametrallador
**67** Balancín de compensador
**68** Estructura metálica del fuselaje
**69** Mandos de vuelo
**70** Cuaderna posterior del fuselaje
**71** Mando de dirección
**72** Refuerzo del patín de cola
**73** Patín de cola
**74** Estabilizador
**75** Timón de profundidad
**76** Estructura del timón de profundadad
**77** Compensador de profundidad
**78** Carenado de cola
**79** Mando del timón de profundidad
**80** Mando del compensador de dirección
**81** Deriva
**82** Timón de dirección
**83** Compensador de dirección
**84** Articulación del timón de dirección
**85** Estructura de la deriva
**86** Revestimiento del estabilizador
**87** Revestimiento del fuselaje en aluminio
**88** Ametralladora dorsal
**89** Cubierta deslizante del puesto del ametrallador
**90** Cubierta fija
**91** Carenado dorsal
**92** Antena de gonio
**93** Mástil de la antena de radio
**94** Cubierta deslizante de la carlinga
**95** Depósito de líquido hidráulico
**96** Mando de flap
**97** Panel de acceso
**98** Rueda derecha replegada
**99** Mando de alerón
**100** Larguero frontal del ala
**101** Revestimiento del ala
**102** Larguero central del ala
**103** Luz de navegación
**104** Alerón
**105** Compensador del alerón
**106** Mando del alerón

**Heinkel He 70E, corte esquemático**

**1** Ametralladora MG 15
**2** Visor
**3** Botiquín de primeros auxilios
**4** Tolva de munición
**5** Asiento del ametrallador (plegado)
**6** Suelo del puesto del ametrallador
**7** Asiento del bombardero
**8** Ventanilla ventral del bombardero
**9** Radio
**10** Lanzabombas
**11** Ventanilla lateral
**12** Formero de fuselaje
**13** Asiento del navegante
**14** Martinete de mando del flap
**15** Viga de formero
**16** Asiento del piloto
**17** Suelo del puesto del piloto
**18** Parabrisas
**19** Depósito de líquido hidráulico
**20** Mástil de la antena de radio
**21** Antenia de gonio

***Ilustración de Julian Robanescu con la cortesía de la revista «AVIONS»***

JG 2 «Richthofen» — Stab/LG77 «Herz-As» — Aufkl.Gr (F)/124 — Aufkl.Gr 125 (See)

FFS A/B 1 — FFS A/B 4 — FFS A/B 23 — FFS A/B 61

FFS A/B 62 — FFS A/B 63 — FFS A/B 113 — FFS A/B 114

FFS A/B 116 — FFS A/B 121 — FFS (C) 13 — LKS. 1

LKS. 3 — 7-G-14 — Mérföldes czizma 1/1 — Gólya 1/2

### *BIBLIOGRAFIA*


- *«Aircraft of the Spanish Civil War». Gerald Howson. Putnam, 1990. London.*
- *Air Enthusiast, September 1971, «Conflict over the Carpathian».*
- *Air International, February 1975, «The Blitz, Heinkel's Elegant Trendsetter».*
- *Air International, December 1988.*
- *Air International, January 1991, «The Beautiful Blitz"»*
- *«Aviones Militares Españoles (1936-1939)». Warletta, Salas y San Emeterio. I.H.C.A.*
- *Flugzeug, 5/87, «Der Blitz in Uniform».*
- *Flugzeug, Juni/Juli 1989, «Die Heinkel He 70 bei den Ungarn».*
- *Flugzeug, 6/89 August/September 1989. Carta de Hans-Joachim Mau.*
- *Flying Review International, October 1965. «The most elegant Heinkel»*
- *«Guernica». J. Salas. Rialp. 1987*
- *«Guernica. 26-4-37». K. Meier. Sedmay. 1976*
- *«Guerra aérea». I y II Tomos. J. Salas. IHCA. 1998*
- *«Guerra en el aire». García Morato. Editora Nacional. 1940*
- *Icare. Nº 149. La Guerre d'Espagne 1936-1939. «Los "Rayos"». José A. Campos.*
- *«Intervención extranjera en la guerra de España». J. Salas. Editora Nacional. 1974*
- *«La guerra de España desde el Aire». J. Salas. Ariel. 1972*
- *«La guerra en el aire». J. Gomá. AHR.1958*
- *«La Legion Condor». P. Laureau y J. Fernández. 1999*
- *«Legion Condor». H. Ries y K. Ring. Dieter Hoffmann. 1980*
- *«Legion Condor. La historia olvidada». L. Molina y J.M. Manrique. Quirón. 2000*
- *«Partes Oficiales de Guerra. 1936-1939». SHM. 1978*
- *SAFO 85. «He 170 in Magyar Service»*
- *«Warplanes of the Third Reich», William Green.*


### *FUENTES DOCUMENTALES*

- ***Archivo Histórico Militar (Ávila)***

*Diversos Legajos.*
*Boletines de Operaciones de la Jefatura de Aviación (nacionales)*
*Boletines de Información de la Jefatura de Aviación (nacionales)*
*Boletines de Información de la "Legión Cóndor" (nacionales)*
*Boletines de Operaciones de Fuerzas Aéreas (republicanos)*
*Boletines de Información de Fuerzas Aéreas (republicanos)*

### *PRENSA OFICIAL*

*Boletines Oficiales del Estado (1936-39)*